Manfred Wolf

Thesen und andere Anschläge

Manfred Wolf

Thesen und andere Anschläge

Anekdoten – Essays – Episoden um Martin Luther

EVANGELISCHE VERLAGSANSTALT
Leipzig

Die Deutsche Bibliothek – Bibliographische Information

Die Deutsche Bibliothek verzeichnet diese Publikation in der Deutschen Nationalbibliographie; detaillierte bibliographische Daten sind im Internet über <http://dnb.ddb.de> abrufbar.

2. Auflage 2008

Printed in Germany · H 6982

Satz: Evangelische Verlagsanstalt GmbH, Leipzig
Cover: Georg Design, Münster
Druck und Binden: GGP Media GmbH, Pößneck

ISBN 978-3-374-02286-1
www.eva-leipzig.de

Inhaltsverzeichnis

Alltag

Martin Luther wohnte, lebte und arbeitete seit 1511 bis zu seinem Tod 35 Jahre im »Schwarzen Kloster«, dem heutigen Lutherhaus, in Wittenberg. Er war noch immer ein Mönch, aber schon seit fünf Jahren Professor an der Theologischen Fakultät, als ein ehemaliger Student von ihm als Diener bei ihm einzog. Wolfgang Seberger (genannt Wolf) hieß der junge Mann, der über Luthers Tod hinaus auch noch bei der Frau Lutherin als dienstbarer Geist tätig war.

Luther schätzte Wolf als außerordentlich anhänglich, doch er wünschte im Stillen seinen Famulus so manches Mal zum Teufel wegen dessen Faulheit und schalt ihn einen verbummelten Studiosus, der lieber an der Matratze horche als in dem großen Domizil für Ordnung und Sauberkeit auf dem Hof, im Stall sowie den zahlreichen Räumen zu sorgen. So hatte der eine zwar wenig Zeit, aber viel Arbeit und der andere viel Zeit, die er mit wenig Arbeit vertrödelte.

Und dementsprechend sah es dann auch aus, als 1525 nach sieben Jahren Männerwirtschaft, Katharina von Bora zum ersten Mal Luthers Heimstatt betrat: im Turmzimmer, wo der Reformator arbeitete, türmten sich die Bücher und der Papierkram, die Küche bestand aus einem einzigen Wirrwarr von unabgewaschenem Geschirr, Töpfen und vergammelten Speiseresten. »Die Schlafkammer des Herrn Doktor stank wie eine Hundehütte. Kein Wunder – das seit einem Jahr nicht erneuerte Bettstroh faulte vor sich hin.« XXXVI 128

Ein unappetitlicher Augiasstall, den die 26-jährige, jung vermählte Katharina da zu übernehmen hatte. Sie brauchte 2 Wochen, 20 Zentner Branntkalk und zusätzlich die 4 Hände einer Magd sowie Wolfs, dem sie Beine machte, um die verlotterte Junggesellenwirtschaft einigermaßen zu renovieren.

Luther war diese Schlamperei peinlich. Wir wissen nicht, was die Lutherin dachte, als ihr Göttergatte rechtfertigend sagte: »Ich war müde und arbeitete mich den Tag ab und fiel also ins Bett und wußte darum nichts.« Ebenda

***

Nachdem sich der Mönch Martinus und die Nonne Katharina im Sommer 1525 ihr Ja-Wort gegeben hatten, begann ihre Familie nebst Haushalt peu à peu auf etwa 40 Mäuler anzuwachsen: eine Großfamilie, geboren aus dem sozialen Denken und Handeln des Reformators und seiner nicht weniger barmherzigen Hauszierde, die er »Käthe, meine Domina« nannte.

Zum Kern der eigentlichen Familie gehörten zehn Jahre nach ihrer Verehelichung neben Martin und Katharina ihre fünf Kinder: der neunjährige Johannes, die sechsjährige Magdalena, der vierjährige Martin, der zweijährige Paul und die einjährige Margarete (Tochter Elisabeth war 1528 im Alter von knapp acht Monaten gestorben). Dazu gesellten sich als ständige bzw. zeitweilige Familienangehörige Magdalena von Bora, Katharinas Tante und zugleich wichtigste Helferin als »Muhme Lene« im Haushalt, ebenso die ehemalige Nonne Else von Canitz, auch mehrere Mägde und Luthers

Diener Seberger sowie eine Schar von etwa zwölf Pflegekindern.

Entgegen der Realität galt der berühmte Reformator bei seiner eigenen und auch der angeheirateten Verwandtschaft als überaus wohlhabend. »Es lag nahe, gerade ihm die Verantwortung für Waisen aufzubürden, die nach dem frühen Tode seiner Schwestern Margarete Kaufmann und Maria Polner zurückgeblieben waren. Auch sein Bruder Jakob schickte ihm einen seiner Söhne ins Haus. Die Boras wollten ebenfalls aus ihrer Verwandtschaft mit dem Reformator Nutzen ziehen und übertrugen ihm das Erziehungsrecht für den wohl elternlosen Florian von Bora.« XXXVI 131

Luthers und Katharinas gelebtes Evangelium, ihre tätige Botschaft von Barmherzigkeit und Nächstenliebe, offenbarte sich in ihrer schier grenzenlosen Gastfreundschaft, die sich landauf, landab herumsprach wie weiland die Wundertaten von Jesus Christus. An dem 20-köpfigen Familientisch nahmen noch einmal so viel bedürftige Studenten aus Wittenberg (die die Hausfrau in ihrer Burse verpflegte), aber auch Anhänger des Reformators aus vielen Teilen des Heiligen Römischen Reiches deutscher Nation, auch Emigranten, Bittsteller und anderes »laufendes Volk« als Gäste Platz und bildeten mit oftmals 40 Personen eine einträchtige Großfamilie.

So wurde das Ehepaar Martin und Katharina Luther nicht nur zur ersten sondern auch zu einer bis heute vorbildlichen evangelischen Pfarrerfamilie.

***

»Geben ist seliger denn nehmen.« Weil Luther nicht nur nach diesem vom Apostel Paulus zitierten Jesus-Wort sondern selbstverständlich auch nach dem siebenten Gebot »Du sollst nicht stehlen« handelte, merkte er doch täglich aufs Neue, wie schwierig es war, seinem Glauben und seiner Moral gemäß zu leben. Immer häufiger mochte ihn seine Käthe, die tagein, tagaus drei Dutzend hungrige Mäuler satt zu bekommen hatte, gefragt haben: »Woher nehmen, lieber Martinus und nicht stehlen?« Und selbst wenn er es vermied, sie mit der alten Volksweisheit »Hilf dir selbst, dann hilft dir Gott« abzuspeisen, so wusste sie doch oftmals nicht, wie sie die Ausgaben für die große Familie bestreiten sollte. Und weil Not (schon damals) erfinderisch machte, waren sie überein gekommen, einmal jeden Ausgabeposten über das Jahr 1535/36 genau zu fixieren. Diese nicht ohne Selbstironie bezeichnete »Wunderliche Rechnung gehalten zwischen Doctor Martin und Kethen« (LIV 29) ist für uns Heutige ein originäres Dokument, das uns Einsicht nehmen lässt in die Befriedigung der materiellen Lebensbedürfnisse Luthers und seiner Familie.

Da gab es eine Liste für benötigte Lebensmittel:

Korn, Gerste, Hopfen, Hafer, Heu, Weizen, Mehl, Wein, Bier, Erbsen, Hanf, Flachs, Grütze, Graupen, Reis, Hirse, Zucker, Gewürz, Safran, Obst, Kraut, Kohl, Möhren, Rüben, Zwiebeln, Mohn, Petersilie, Kümmel, Ochsen, Schweine, Gänse, Hühner, Enten, Vögel, Tauben, Eier, Butter, Salz, Holz, Kohlen, Stroh, gedörrte und frische Fische, Fleisch von der Fleischbank, Brot, Semmeln, Nägel, Haken, Eisenkram, Talg, Garn, Wachs, Öl;

Ausgaben für Handwerker u. Ä.:

Fleischer zum Hausschlachten, Schuster, Schneider, Kürschner, Böttcher, Grobschmied, Kleinschmied, Barbier, Bader, Glaser, Messerschmied, Seiler, Riemer, Sattler, Tuchmacher, Gewandschneider, Scherer, Brauer, Töpfer, Müller, Tischler, Leinweber, Gürtler, Beutler, Maurer, Zimmerleute, Taglöhner, Ziegel, Kalk, Dachziegel, Bauholz, Latten, Bretter, Bettler, Buchbinder, Buchführer, Schweinekastrierer;

Ausgaben für Hausrat und Geräte:

Leinwand, Betten, Federn, Zinnkannen, Schüsseln, Teller, Leuchter, Becken, Kessel, Pfannen, Schaufeln, Schippen, Mulden, Schubkarren, Gabeln, Grabscheit, Fässer, Kübel, Eimer, Braugerät, [Vieh-]Geschirr, Wagen und

Ausgaben für persönliche Bedürfnisse:

Arzt, Apotheker, Präzeptor [Hauslehrer] für Kinder, Ausrichten von Hochzeiten, Patenschaften, Knechte, Mägde, Hirten, Geschenke.

Damit wussten die Luthers nun zwar, *welche* Kosten ihnen entstehen, *wofür* sie also das Geld benötigen, aber noch immer nicht, *woher* es zu nehmen wäre.

Für den Familienvater war und blieb es »wundersam, wie er überhaupt finanziell durchkam, denn allein der Haushalt kostete jährlich 500 Gulden also erheblich mehr, als er mit [300 Gulden] verdiente«, so Luther selbst. Ebenda

Trotz des Ärgers über die kostentreibenden Ausgabeposten war Martin Luther von der Frau Reim geküsst worden. Auf eine der Listen hatte er die Verse geschrieben:

»Ich armer Mann, so halt ich Haus!
Wo ich mein Geld soll geben aus.
Da dürft ich's wohl am sich'ren Ort,
und fehlt mir allweg hier und dort.« XXXV 541

***

Martin Luther musste wegen seines schier erdrückenden Arbeitsmaßes als Reformator, Hochschullehrer und Geistlicher – auch wegen seines sich zunehmend verschlechternden Gesundheitszustandes – die breite Hauswirtschaft auf die schmalen Schultern seiner »Domina« verlagern. Nur bevor alle Stricke rissen, schaltete er sich (auch Kraft seiner Autorität) mit ein.

Es gab hin und wieder Ärger mit den Handwerkern. Er benötigte sie zur Erhaltung seiner Heimstätte, des »Schwarzen Klosters«, wie das tägliche Gebet. Dabei konnte er, wenn es sein musste, zu diesem oder jenen Meister schon auch mal energisch werden im Ton. »Verzeih's Gott, Herr Doktor«, erwiderte einer, »müssen wir denn zu allem, was Sie abfordern, immer bloß Ja und Amen sagen?« Der Hausherr hatte nicht lange überlegt und mit einem verschmitzten Lächeln erwidert, es reiche ihm schon, wenn er hier erst einmal Ja sage und am Sonntag in der Stadtkirche nach seiner Predigt dann noch Amen!

***

Luther hatte viele aufrichtige Anhänger, doch manche stahlen nicht nur dem lieben Gott den lieben langen Tag, sondern auch ihm die knapp bemessene Zeit. Einer dieser Verehrer, namens Hirsfelder, hatte es sich partout in den Kopf gesetzt, die eigenhändige Schrift des berühmten Gottesmannes im Original besitzen zu wollen. Der schrieb ihm schließlich nichtssagend: »Manum meum petrüsti, ecce manum habes.« LIX 234 – » Du verlangtest meine Handschrift, hier hast du meine Handschrift.«

Äußeres

Unter uns Heutigen – einschließlich der Schulkinder – gibt es wohl kaum jemanden, der nicht sagen könnte, dass der Mann da oben auf dem Sockel oder auf dem vor ihm liegenden Bildnis Martin Luther ist. Dieses Phänomen, einen 500-Jährigen an seinem Äußeren (wieder) zu erkennen, verdanken wir den Bildschnitzern und Steinmetzen, vor allem aber den Porträtisten unter den Malern. Und da sei Gott gedankt, dass ein bedeutender der Lutherzeit, Lukas Cranach der Ältere, in Wittenberg nur einen Katzensprung um die Ecke wohnte.

Lukas Cranach d. Ä. (1472–1553) war fast gleichaltrig mit Luther, verehrte den Reformator außerordentlich und war sein vertrauter Freund. Was Wunder, dass wir seiner kunstfertigen Hand mit fünf Porträts (drei Ölgemälde und zwei Kupferstiche) nicht nur die meisten, sondern auch die bekanntesten Lutherbildnisse zu verdanken haben.

Trotzdem war seinerzeit der Star unter den Porträtisten nicht Cranach d. Ä., sondern der Nürnberger Maler, Zeichner und Kupferstecher Albrecht Dürer. Der hätte ihn gern in persona vor sich gehabt und mit seiner virtuosen Darstellungskunst verewigt, wie er 1520 an Georg Spalatin schrieb: »Hilf mir Gott, daß ich zu Doktor Martinus Luther komme, so will ich ihn mit Fleiß konterfeien und in Kupfer stechen zu einem langen Gedächtnis des christlichen Mannes, der mir aus großen Ängsten geholfen hat.« XXI 81

Aber leider hat Gott dem begnadeten Künstler diese Hilfe nicht zuteil werden lassen.

***

Neben den Porträts Cranachs stehen uns heute als Quelle für Luthers Aussehen die Schilderungen seiner Zeitgenossen – vor allem die von Mosellanus, Melanchthon, Kessler, Vergerio und Aleander – zur Verfügung, die in ihrer authentischen Betrachtung uns vor allzu unscharfen Zerrbildern bewahren, denn der »tadellos frisierte, freundliche, dicke Herr von 50 Jahren ist von mehr wohlwollenden, als sachkundigen Künstlern allmählich zusammenidealisiert worden.« Ebenda

Martin Luther war 35 Jahre alt, als ihn Petrus Morsellanus im sommerlichen Leipzig des Jahres 1519 so gewahr wurde: »Martinus ist mittlerer Leibeslänge, von hagerem, durch Sorgen und Studieren erschöpftem Körper, so daß man fast die Knochen durch die Haut zählen könnte, von männlichem, frischem Alter und hoher, klarer Stimme.« XLI 81

Ein Jahr später hatte ihn Cranach porträtiert – es ist sein ältestes Lutherbild – und da erblicken wir den 36-Jährigen noch immer von klösterlicher Askese und Krankheit gezeichnet: hohlwangig, mager, backenknochig, abgezehrt.

Luthers Äußeres änderte sich schon ein Jahr später sichtbar, wie ein graphisches Blatt Cranachs in Grabsticheltechnik von 1521 beweist: das Gesicht war fleischiger, kräftiger, rundlicher geworden, mit einem deutlich sichtbaren Doppelkinn.

Wie sich der einst demütige Mönch Martinus in seinem Wesen zum aufbegehrenden Reformator

Luther entwickelte, so wurde der asketische Klosterbruder auch in seinem Äußern zunehmend mehr zu einem typischen Pykniker mit dem untersetzten, rundlichen, schwerleibigen Körperbau. So hatte auch Cranach den fast 50-Jährigen 1532 gesehen und gemalt.

Ein Dokument besonderer Originalität ist der Bericht des päpstlichen Botschafters, eines damals besonders penetranten Luthergegners, an seine Heiligkeit Paul III., der ihn 1535 nach Wittenberg geschickt hatte, um diesen Ketzer einmal in Augenschein zu nehmen. Peter Paul Vergerius – so hieß der römische Nuntius – schrieb an seinen obersten Auftraggeber über das Aussehen Luthers: »Und daß ich gleich mein Urteil über ihn sage, über Aussehn, Kleidung, Benehmen und Rede, gleichviel ob er besessen ist oder nicht: er ist die Anmaßung, Bosheit und Unverschämtheit selber. Ew. [Euer] Herrlichkeit urteile selber über seine Tracht: dieser verrückte Mensch trug, weil es Sonntag war, sein Festkleid, nämlich ein Wams aus dunklem Kamelot, die Ärmel mit einem prunkenden Aufschlag von Atlas, darüber einen Rock von Sarsche mit Fuchspelz gefüttert, aber ziemlich kurz, mehrere Ringe an den Fingern und um den Hals eine schwere goldene Kette, endlich ein Barett, wie es die Priester tragen.« VII 584

Dem Herrn päpstlichen Kritikaster war bei seiner Arroganz völlig entgangen, dass sich der zur (Selbst-)Ironie neigende Dr. Martinus ganz bewusst wie ein Hochzeitsbitter herausgeputzt hatte, um die grauen Zellen seines ungebetenen römischen Gastes in Wallungen zu versetzen. Filtert man aus den verbalen und visuellen Quellen zu Luthers

Gesicht, Körperbau und -haltung typische Einzelheiten heraus, so ergibt sich für den Betrachter in seiner zweiten Lebenshälfte dieses Bild:

Das Gesicht wurde »immer runder, zuletzt fast kugelrund, groß und voll, die Gestalt fester, breiter, mächtiger.« XXVII 66 Die Stirn war breit, niedrig und gewölbt mit einer großen Warze über dem rechten Auge. Seine kleinen Augen gaben dem gesamten Gesichtsausdruck – das berichten übereinstimmend alle Zeitgenossen – das typische Gepräge: tief und funkelnd wie zwei Sterne seien sie gewesen, blitzend und dämonisch. Nach den Augenzeugenberichten »müssen seine braunen Augen starke Faszinationskraft besessen haben. Sie konnten groß und hervorstehend erscheinen oder klein und verborgen; einmal tief und unergründlich, ein anderes Mal funkelnd wie Sterne. Sein Blick konnte scharf wie der eines Falken sein, schrecklich wie der Blitz und besessen wie der Blick eines Wahnsinnigen.« XXII 216 Die Nase kräftig und etwas gekrümmt; über der Nasenwurzel eine senkrechte, deutlich sichtbare Zornesfalte. Der Mund breit, mit kräftiger Unterlippe. Auffallend auch das fleischige Doppelkinn, der kräftige Hals, die breiten Schultern, der athletische Brustkorb, die kurzen Extremitäten und die kräftigen Hände mit den eher knubbeligen Fingern.

Da Dr. Luther bereits mit 29 Jahren zum Universitätsprofessor der Theologie avanciert war, könnte man vermuten, er sei (weil Kleider ja Leute machen) in seinem Auftreten schon äußerlich eine Respektsperson gewesen. Sein tatsächliches Erscheinungsbild widersprach jedoch »der Legende vom gutbürgerlichen Universitätsprofessor, der stets wie aus dem Ei gepellt vor seine Studenten trat. Nein, der Reformator war durchaus kein Muster an Respektabilität und Wohlanständigkeit. Sein kurzgeschnittenes, störrisches, braunes Haar hat wohl nur selten Kamm und Bürste gesehen, und der dunkle Stoppelbart auf Kinn und Wangen beweist, dass er sich höchstens zweimal in der Woche rasierte.« XXXVI 7 f.

Da er sich so auch porträtieren ließ, darf getrost angenommen werden, dass dieser Große der Menschheit kaum Wert auf sein Äußeres legte, einschließlich seiner Kleidung. Da blieb auch das Bemühen seiner »Domina« vergebliche Liebesmüh, ihm wenigstens die Marotte auszutreiben, seine Hosen mit diversen Flicken selbst zu reparieren. Erst als er eines Tages zum Zwecke der Flickengewinnung eine gerade erst gekaufte Jacke seines Erstgeborenen Johannes zerschnitten und Käthe ihm daraufhin eine geharnischte Strafpredigt zelebriert hatte, nahm er von diesem junggeselligen Brauch unter dem Motto »Hilf dir selbst, dann hilft dir Gott« doch lieber Abstand mit Anstand.

Besitz

»Sie tranken heimlich Wein und predigten öffentlich Wasser«, kritisierte Heinrich Heine in seinem *Wintermärchen* die zeitlosen Heuchler aller Schattierungen. Galt das auch für Martin Luther, von dem er doch wusste: der heftige Kritiker der Geldwirtschaft verließ das irdische Wittenberg als nicht gerade armer Mann? Ein Widerspruch ist das allemal. Ob er ihn wohl zu seiner Zeit zu lösen vermochte, der große Reformator? Oder hatte Heine den hoch geachteten Kirchenmann ganz besonders im Sinn, weil er bei ihm gelesen hatte: »Große Schätze bringen große Not. … Die Sorge darum, wie man sein Geld erhält, ist die schrecklichste Knechtschaft.« II 266

Und bei einer anderen seiner zahlreichen Tischreden meinte Luther: »Reichtum ist das allergeringste Ding auf Erden, die kleinste Gabe, die Gott einem Menschen geben kann. … Darum gibt unser Herrgott für gewöhnlich Reichtum den groben Eseln, denen er sonst nichts gönnt.« II 264

Das traf aber nun gleich doppelt für ihn selbst nicht zu. In einem historischen Schriftstück aus dem Jahre 1542, dem Verzeichnis zu seinem Besitz, wurde der Wert seiner Grundstücke auf rund 1000 Gulden geschätzt. In dem gleichen Dokument (der so genannten Türkensteuer) gab er seinen Tierbestand mit vierzehn Rindern (davon fünf Kühe), dreizehn Schweinen (davon acht Mast- und zwei Mutterschweine) und drei Ziegen (davon eine Mutterziege) zu einem Wert von zusammen

50 Gulden an. Hinzu kamen noch einige, von ihm mit Zahl und Wert nicht näher bezifferte Pferde. Der weitaus wertvollste Besitz war sein Wohnhaus, welches er auf 6000 Gulden schätzte. Dieses so genannte »Schwarze Kloster« war ihm im Februar 1532 von seinem Kurfürsten abgabenfrei übertragen worden. Also setzte sich Luthers Nachlass – da laut Testament »kein Bargeld vorhanden« war – zusammen aus schätzungsweise 6000 Gulden für das Wohngebäude, 1000 Gulden für Wertgegenstände (Becher, Schmuck u. Ä.), 1000 Gulden für Grundstücke und 50 Gulden für seine Nutztiere: alles in allem also 8050 Gulden. Damit gehörte der Doctor Martinus Lutherus zu den Reichbegüterten seiner Zeit.

»Geld wie Sand am Meer«, wie es eine biblische Redensart besagt, hatte er aber keinesfalls. Auch die andere Redewendung aus der Bibel, dass er »mehr Schulden als Haare auf dem Kopf« gehabt hätte, traf so genau nicht zu, wenngleich er nicht frei von Schulden war. Laut Testament waren ihm »ungefähr 450 Gulden bewußt«. I 9/572

***

Nun war der Reformator ja alles andere als ein leichtfertiger Schuldenmacher. Er hatte nicht nur eine siebenköpfige Familie zu ernähren, sondern führte auch ein offenes Haus mit seiner Ehefrau Katharina. Da war nicht nur die große Familie: um den überdimensionalen Tisch versammelten sich beständig auch zahlreiche weitere Kostgänger. Und das ging allemal ins Geld, von dem sie bares nicht mehr als 25–30 Gulden im Monat zur Verfügung hatten. In seinem Testament hob Luther deshalb abschließend hervor: »Und doch habe ich von solchem Einkommen und Geschenken so gebaut, gekauft und eine große und schwierige Haushaltung durchgeführt, dass ich neben anderen dies als einen besonderen, wunderbaren Segen erkenn, dass ich dies erschwingen konnte. Verwunderlich ist nicht, dass kein Bargeld da ist, sondern dass nicht noch mehr Schulden vorhanden sind.« I 9/572 f.

Aber unser frommer, lebensverbundener Kirchenmann handelte nach dem Bibelspruch des Apostel Paulus »Geben ist seliger denn nehmen«.

***

Als Bibelausleger suchte, fand und verkündete Professor Luther auch Antworten zu Geld und Besitz. Er proklamierte sie aber nicht als Jurist oder Ökonom, sondern als streitbarer Theologe. Für ihn war ausschließlich die Bibel bindend, wie auch diese Textstelle belegt: »Christus will nicht, daß man kein Geld und Gut haben und nehmen soll oder – wenn man's hat – wegwerfen sollte, wie etliche Narren unter den Philosophen und tolle Heilige und den Christen gelehrt und getan haben. Denn er läßt's wohl geschehen, daß du reich seiest, aber die Liebe will er nicht daran gehängt haben.« I 32/457

Und an anderer Stelle verkündete er: »Gott straft nicht, daß man Reichtum und Güter hat, sondern daß man der Güter übel braucht; das heißt, sie allein zur Stillung seiner Lüste verwendet, den Armen damit nicht hilft und über das, was uns Gott gegeben hat, kein treuer Haushalter ist.« I 13/189

Nein, nein, dieser Martin Luther, der trank nicht heimlich Wein, sondern gab von ihm an alle ab oder er trank alltäglich mit den Armen Wasser. Er predigte nicht nur, wie er lebte, sondern er lebte auch, was er predigte.

Bibel

Kaum vorstellbar, dass es im Mittelalter und in der Neuzeit jemanden gab, der sich in der Bibel besser auskannte als jener Mann, den man wegen seiner profunden Kenntnis des Alten und Neuen Testaments später den »Bibelprofessor« nannte.

Da liegt es nahe anzunehmen, dass Martin Luther schon von Kindesbeinen an das Buch der Bücher zur Hand nahm, und das umso mehr, da seine Eltern »fromme Leute gewesen« (LIII 12) sind, wie er später bei Tisch erzählte.

Doch weit gefehlt. Weder im Elternhaus noch in seiner Schulzeit und auch nicht beim Studium an der Artistenfakultät der Erfurter Universität hatte die Bibel im Unterricht eine Rolle gespielt. Erst durch Zufall war ihm im Jahre 1503 in der Universitätsbibliothek zum ersten Mal in seinem Leben eine Bibel in die Finger geraten. Man hatte das, als er es später selbst zum Besten gab, für doch recht fragwürdig gehalten. Er sah sich deshalb im Jahre 1538 bei einer seiner Tischreden veranlasst klarzustellen: »Vor dreißig Jahren … las niemand die Bibel. Sie war so gut wie gänzlich unbekannt. Als ich zwanzig Jahre alt war [also 1503], hatte ich noch keine gesehen.« LIII 21

***

Ein Schriftsteller – oder auch Autor, Verfasser, Schreiber, Dichter, Erzähler, Literat, Mann der Feder, Dolmetscher, manchmal auch Satzbauer genannt – hat es heutzutage unvergleichlich leichter als der Schriftsteller Martin Luther vor einem halben Jahrtausend.

Gemeinsam ist zwar dem Satzbauer von damals und heute, dass er seine Werke aus Sätzen und diese aus Worten baut(e), um seine Gedanken auszudrücken. Was aber dann, wenn für einen Begriff sach- und sinnverwandte bzw. bedeutungsgleiche Wörter oder die entsprechenden Gegenwörter gesucht werden?

Wir heutigen Schriftsteller nehmen dann eines der zahlreichen Wörterbücher zur Hand (z. B. den 6-bändigen *Duden: Das große Wörterbuch der deutschen Sprache* mit 500.000 Stichwörtern und Definitionen auf 3.000 Seiten, basierend auf 3.000.000 Belegen aus der Sprachkartei der vielköpfigen Duden-Redaktion). Wenn wir Bedeutungsvarianten und Gegensätze für ein bestimmtes Wort suchen, dann gibt es reichlich Spezialwörterbücher (z. B. das *Wörterbuch der Synonyme und Antonyme* mit seinen 18.000 Stichwörtern und 200.000 Worterklärungen). Geht es um das richtige Verstehen und Anwenden von Fremdwörtern, dann stehen uns eine große Zahl Fremdwörterbücher zur Verfügung (z. B. der *Duden: Das Fremdwörterbuch* mit rund 50.000 Stichwörtern und mehr als 400.000 Angaben zu Bedeutung, Grammatik, Herkunft u. a.). Einem Übersetzer aus dem Lateinischen ins Deutsche helfen nicht wenige Spezial-Wörterbücher (z. B. *Langenscheidts Handwörterbuch: Lateinisch-Deutsch* mit über 30.000 Stichwörtern und einem Vielfachen davon an Übersetzungen, kulturgeschichtlichen Hinweisen, zur Grammatik u. a.).

Keines dieser Nachschlagewerke stand dem gelehrten Einzelkämpfer Prof. Dr. Luther in seinem zweistübigen Asyl als »Junker Jörg« auf der Wartburg – und auch später beim Übersetzen des Alten Testaments in Wittenberg – als Hilfsmittel zur Verfügung.

Luthers Wittenberger Freunde, vor allem Philipp Melanchthon, hatten ihn gedrängt, die erzwungene Ruhepause auf der Wartburg zu nutzen, um die Bibel – genauer: das Neue Testament – aus dem griechischen Urtext ins Deutsche, und das bedeutete damals in die Kanzleisprache seiner sächsischen Heimat zu übertragen. Dazu der Reformator selbst: »Ich rede nach der sächsischen Kanzlei, die alle Fürsten Deutschlands nachahmen.« XXVI 56 Für den nicht Eingeweihten eine eigenartige Situation, denn es hatte »auch schon vor Luther deutsche Bibeln gegeben: 72 (Teil-) Übersetzungen sind bislang gezählt worden.« XXXIII 74 Sie waren alle anonym erschienen, weil keiner ihrer Übersetzer das Kreuz gehabt hatte, mit seinem Namen dafür gerade zu stehen und außerdem: »Die Werke seiner namentlichen Vorläufer halfen ihm [Luther] nicht weiter; einmal weil es sich ausschließlich um Übertragungen aus dem Lateinischen [der so genannten Vulgata] handelte, nicht aus dem griechischen Urtext; zum anderen, weil das Deutsch, das die Übersetzer geschrieben, nicht nur mundartlich gebunden, sondern auch ohne jeden Wohllaut war.« XXXVI 112 Außerdem waren die vorliegenden Übersetzungen in einem Schriftdeutsch verfasst, das die einfachen Leute des Volkes kaum bzw. nicht verstanden.

Luthers selbst gestecktes Ziel für die Bibelübersetzung war von hohem Anspruch: »Man muß nicht die Buchstaben der lateinischen Sprache fragen, wie man deutsch reden soll, so wie es die Esel tun. Sondern man muß die Mutter im Hause, die Kinder auf der Gasse, den einfachen Mann darum fragen und denselbigen auf das Maul sehen, wie sie reden, und danach übersetzen, so verstehen sie es und merken, daß man deutsch mit ihnen redet.« XXXV 373

Als Quelle für seine Übersetzung diente Luther im Wesentlichen der griechische Urtext nach der zweiten Ausgabe des Neuen Testaments von 1519 des bedeutendsten Humanisten der damaligen Zeit Erasmus von Rotterdam sowie zum Vergleich die Vulgata. Wörterbücher – wie eingangs erläutert – standen Martin Luther als Hilfsmittel nicht zur Verfügung. Nur zu verständlich, dass er rückblickend meinte: »Es glaubt niemand, was es uns Arbeit gekostet hat« XLV 355, denn oftmals habe er akribisch und sehr lange nach einem genaueren Ausdruck, einem treffenderen Wort gesucht – wozu wir Heutigen in Sekundenschnelle nachgeschlagen haben, möchte man ergänzend hinzufügen. Anders bei Martin Luther (und seinen späteren Helfern beim Alten Testament): »Ich habe mich geflissen im Dolmetschen, daß ich rein und klar Deutsch geben möchte. Und ist uns wohl oft begegnet, daß wir vierzehn Tage, drei, vier Wochen haben ein einziges Wort gesucht und gefragt, haben's dennoch zuweilen nicht gefunden. In vier Tagen konnten wir zuweilen kaum drei Zeilen fertigen.« LXI 474

Hinzu kam, dass Prof. Dr. Luther kein Sprachwissenschaftler, sondern eben Theologe war, und auch das Griechische zu seiner Wartburgzeit noch nicht so gut beherrschte. Also machte er aus der Not eine Tugend und übersetzte oftmals nicht wortwörtlich, sondern sinngemäß, dabei aber im Vergleich zu vorangegangenen Übersetzern sehr lebendig und mit erheblich gewonnener Qualität.

Es sei aus der Fülle wenigstens ein Beispiel wiedergegeben. Im 1. Korintherbrief 13, Vers 1 bis 3, heißt es: »Wenn ich redete mit Zungen der Menschen und Engel, aber keine Liebe hätte, würde ich ein tönendes Erz und eine klingende Schelle. Und wenn ich die Prophetengabe hätte und wüßte alle die Geheimnisse und alle Erkenntnis, und wenn ich den ganzen Glauben hätte, so daß ich Berge versetzte, hätte aber keine Liebe, so bin ich nichts. Und wenn ich all mein Vermögen austeilte, und wenn ich meinen Leib übergäbe, daß ich verbrannt würde, hätte aber keine Liebe, hätte ich keinen Nutzen.« XXXI 109

Martin Luther hatte diese Text-Passage mit poetischem Einfühlungsvermögen so übersetzt: »Wenn ich mit Menschen- und Engelszungen redete, und hätte der Liebe nicht, so wäre ich ein tönend Erz und eine klingende Schelle. Und wenn ich weissagen könnte und wüßte alle Geheimnisse und alle Erkenntnis und hätte allen Glauben, daß ich Berge versetzte, und hätte die Liebe nicht, so wäre ich nichts. Und wenn ich alle meine Habe den Armen gäbe und ließe mein Leib brennen, und hätte die Liebe nicht, so wäre mir's nichts nütze.« Ebenda

Luther schrieb im Januar 1522, während er an der Übersetzung des neuen Testaments arbeitete, aus seinem »Reich der Vögel«, wie er sein Versteck auf der Wartburg bezeichnete, an seinen Freund und Mitstreiter Amsdorf: »Ich habe mir damit eine Last aufgeladen, die über meine Kräfte geht. Nun sehe ich, was Dolmetschen heißt und warum es bisher niemand versucht hat, der seinen Namen dazu hergegeben hätte. Das Alte Testament werde ich aber [hier] nicht anrühren können, wenn ihr nicht dabei seid und mitarbeitet. Am liebsten käme ich bald, wenn es möglich wäre, bei einem von euch ein geheimes Zimmer zu haben, und mit eurer Hilfe würde ich das Ganze von Anfang an übertragen, damit es eine Übersetzung würde, die es wert ist, von den Christen gelesen zu werden. Denn ich hoffe, wir werden unser'm Deutschland eine bessere geben, als die, die Lateiner [in ihrer Vulgata] haben. Das ist ein großes Werk und wert, daß wir alle daran arbeiten ...« XXXI 104 f.

Und so geschah es dann auch. Nachdem Martin Luther von Dezember 1521 bis Februar 1522 die schier unglaubliche Leistung vollbracht hatte, in nur zehn Wochen (!) täglich zehn bis zwölf Buchseiten des Neuen Testaments ins Deutsche zu übersetzen, besorgte er anschließend in Wittenberg vor allem mit seinem Freund und Kollegen Philipp Melanchthon, dem Universitätsprofessor für Griechisch, die Endredaktion. Auf dem Buchdeckel seiner Bibel (Erster Teil) stand: »Das Newe Testament Deutzsch«, auch »Septemberbibel« genannt, weil sie im September 1522 erschien.

***

Es war im Frühjahr 1522. Martin Luther war erst vor kurzem mit seiner Übersetzung des Neuen Testaments von der Wartburg zurückgekehrt. Nun saß er mit Philipp Melanchthon im »Schwarzen Kloster« zum Disput beisammen, um weiter am Text der Bibelübersetzung zu feilen. Professor Melanchthon, der Griechisch-Experte, beharrte in dem wissenschaftlichen Streitgespräch auf seiner Meinung, Martinus habe an mancher Stelle die Bibel etwas zu großzügig aus dem Griechischen ins Deutsche übertragen. Als der Streit zu heftig wurde, sagte Melanchthon in versöhnlichem Ton: »Du solltest eigentlich wissen, Martinus, mir geht es nur um's Griechische!« – »Und du solltest es längst gemerkt haben, geschätzter Philippus, mir geht es nur um's Deutsche.« erwiderte Luther treffend. LVI 337

***

Martin Luther hatte mit der Übersetzung des Neuen Testaments (s)ein gutes Werk getan und auch Philipp Melanchthon mit seiner sprachwissenschaftlichen Beratung, Lukas Cranach d. Ä. mit mehreren Holzschnitten und Melchior Lotter mit seinen drei Druckpressen hatten ihr Licht nicht unter den Scheffel gestellt, sondern ihr Scherflein beigesteuert (um es mit einigen biblischen Redensarten zu sagen), dass die 3000 Exemplare der so genannten »Septemberbibel« weg gingen wie warme Semmeln, so dass nur wenige Wochen später, im Dezember 1522, schon eine Nachauflage herausgebracht werden konnte. Dabei war der Preis mit 1,50 Gulden je Bibel alles andere als volkstümlich, denn dafür musste sich eine Magd – bei freier Kost und Logis – ein ganzes Jahr von früh bis spät krumm machen. In den folgenden 12 Jahren kamen noch 17 Neuauflagen sowie 52 verschiedene Nachdrucke auf den Markt. XXI 128

Während der Absatz des Neuen Testaments also florierte, hatten Professor Luther und seine sachkundigen Mitarbeiter das Alte Testament zwischen 1522 und 1534 aus dem hebräischen Urtext ins

Deutsche übertragen. Nun lagen beide großen Schriftsammlungen in deutscher Sprache vor. Unter dem Titel: »Biblia, das ist die gantze Heilige Schrift Deudsch« wurde diese Luther-Bibel im Jahre 1534 in erster Auflage herausgebracht. Der »bedeutende Wittenberger Drucker Hans Lufft, der mit der Herstellung der ganzen Bibel beauftragt war, hatte im Laufe der Jahre 100.000 Exemplare gedruckt und verkauft.« XXXI 107

Luthers Arbeit und Werk war (nach dem Bibelwort Mk. 4,8) auf fruchtbaren Boden gefallen, denn sein finanzielles Ergebnis betrug mindestens 50.000 Gulden. Angenommen, Luther standen 10 Prozent vom Verkaufserlös zu, dann hätten seine Tantiemen 5000 Gulden betragen. Damit wäre er zum ersten Bestsellerautor deutscher Zunge geworden. Doch Martin Luther lehnte – wie immer – auch für seinen Spitzenwerk jegliche Honorarzahlungen ab; übrigens ganz zum Leidwesen seiner Käthe. Ihr Herr und Gebieter Martinus hatte seiner Frau zu deren großer Freude das kleine Gut Zulsdorf für runde 600 Gulden gekauft. Etwas vergnatzt wegen der nicht angenommenen 5000 Gulden Honorar rechnete sie ihrem »gnädigen Herrn – wie sie ihn in manchen Situationen nannte – später vor, dass er dafür hätte acht Güter von der Größe Zulsdorfs und dazu noch 8000 Ochsen sowie 3200 Kälber kaufen können. Sie wäre mit einem Schlag eine reiche Gutsbesitzerin gewesen.

Nur gut, dass seiner haushälterischen »Domina« verborgen geblieben war, dass die Luther-Bibel mehr als 430 Ausgaben bis zum Tode des Reformators erreichte, »für die eine halbe Million Einzelexemplare angenommen werden.« XLV 357 Die Lutherin hätte sich am Ende noch zur Großgrundbesitzerin hochgerechnet!

Ihrem Mann aber stand der Sinn nach ganz anderem. Er hatte sich, als er im Dezember 1521 mit der ersten Bibelübersetzung begann, höchst bescheiden gewünscht: »Wenn doch jede Stadt ihren eigenen Dolmetscher hätte und dies Buch allein in aller Zunge, Hand, Augen, Ohren und Herzen wäre.« XXXI 106 Als er ein Vierteljahrhundert später das Zeitliche segnete, hatte er viel mehr erreicht: Nicht jede deutsche Stadt hatte ihren eigenen Bibel-Dolmetscher, sondern diesen einen, einzigartigen Martin Luther, dessen Bibelübersetzung heute »die im deutschen Sprachraum am weitesten verbreitete ist.« LXII 5

***

Beim Übersetzen des Alten Testaments war Martin Luther, seit zehn Jahren schon Professor für Bibelauslegung, nicht mehr auf sich allein gestellt. Viele waren – im Sinne des alten Bibelworts – berufen, aber nur wenige auserwählt. Die von Luther »Auserwählten« waren hervorragende Experten und Helfer, die ihm mit Rat und Tat unterstützten, vor allem sein Vertrauter, der Professor für griechische Sprache Philipp Melanchthon, auch der Professor für hebräische Sprache Matthäus Aurogallus, die Hebräisten Johann Forster und Bernhard Ziegler sowie der Wittenberger Prediger und Luthers Sekretär für die Redaktions- und Korrekturarbeiten Georg Rörer.

Eine solche 12-jährige Mammutarbeit kostete natürlich Geld – das war schon damals knapp und der Bibelprofessor deshalb für jeden zusätzlichen Gulden dankbar. Da spülte 1532 Martin Luther eines Tages ein eigenartiger Zufall zusätzlich einige Gulden in die Kasse. Der Rechnungsführer des Kurfürsten von Sachsen hatte sich verrechnet, entdeckte dies aber noch rechtzeitig. Jedoch wollte er seinem Johann Friedrich »dem Großmütigen« keinen reinen Wein einschenken, sondern wandte sich an seinen Beichtvater Luther, damit der den Betrag von 40 Gulden Inkognito dem Landesherrn zurückgeben möge. Gebeichtet, getan. Der »Großmütige« Kurfürst schmunzelte und schenkte kurzerhand den Betrag dem Wittenberger Professor, der ihn seinem Großunternehmen »Bibelübersetzung« zukommen ließ.

***

Wer wollte daran zweifeln, dass jener Mann, der auf der Wartburg seit Dezember 1521 in nur einem Vierteljahr das Neue Testament ins Deutsche übertrug und seit 1522 in einer zwölfjährigen Sisyphusarbeit mit mehreren Mitarbeitern das Alte Testament übersetzte, der ungezählte Streitgespräche zum Inhalt »seiner« Bibel führte, der seit 1512 bis an sein Lebensende die Professur für Bibelauslegung an der Theologischen Fakultät der Universität Wittenberg begleitete, also über 34 Jahre hinweg als Hochschullehrer in Vorlesungen und Seminaren die offizielle und seine eigene Meinung über die Bibel vertrat – wer also wollte daran zweifeln, dass sich dieser Prof. Dr. Martin Luther im Buch der Bücher auskannte wie in seiner eigenen Speisekammer.

Als er eines Tages von einem seiner Studenten gefragt wurde, weshalb er trotzdem, wie er behauptete, keinen Tag vergehen lasse, ohne in seinem »Hauptbuch des Glaubens« zu lesen, da sagte der gelehrte Kirchenmann in seiner bildhaften Volkssprache: »Die Bibel ist wie ein sehr großer, weiter Wald, darinnen viel und allerlei Bäume stehen, davon man kann mancherlei Obst und Früchte brechen. Aber es ist kein Baum in diesem Walde, daran ich nicht geklopft und ein paar Äpfel oder Birnen davon gebrochen und abgeschüttelt habe.« XIII 124 f.

Charakter

Eine Persönlichkeit von Weltgeltung wie Martin Luther zu charakterisieren, verlangt besondere Gründlichkeit. Generationen von Religionshistorikern und Schriftstellern haben sein Charakterbild gezeichnet, über die Jahrhunderte hinweg aber auch verwischt.

Ja, wenn man Zeitzeugen hätte …

Wir haben sie gefunden, sowohl im Lager seiner Freunde und guten Bekannten als auch seiner ärgsten Feinde, und haben sie gefragt – ihre Antworten sind authentische Zitate.

Herr Mosellanus, welchen Eindruck hatten Sie als gelehrter Mann des Altgriechischen von dem 35-jährigen Bibelprofessor Martin Luther im Juli 1519 während seiner Leipziger Disputation mit den Theologie-Professoren Karlstadt und Eck?

»Er ist voller Gelehrsamkeit und vortrefflicher Kenntnis der Schrift, so daß er gleichsam alles an den Fingern herzählen kann. Griechisch und Hebräisch weiß er so viel, daß er über die Interpretation urteilen kann. Es fehlt ihm auch nicht an Stoff, und er hat einen großen Vorrat an Worten und Sachen.« XLI 81

Und ansonsten, sozusagen als Alltagsmensch?

»Im Leben und seinem Betragen ist er sehr höflich und freundlich und hat nichts stoisch [unerschütterlich] Strenges und Sauertöpfisches an sich, er kann sich zu allen Zeiten schicken. In Gesellschaft ist er lustig, scherzhaft, lebhaft und immer freudig, immer munteren und fröhlichen Gesichts, ob ihm auch die Widersacher noch so sehr drohen, und man sieht es ihm an, daß Gottes Kraft bei seinem schweren Werke mit ihm ist.« Ebenda

Also ein Gottesmann ohne Fehl und Tadel?

»Nur den einen Fehler tadeln alle an ihm, daß er im Schelten etwas zu heftig und beißend sei, mehr als es für einen, der in der Theologie neue Pfade finden will, sicher und für einen Gottesgelehrten schicklich ist; ein Fehler, den allerdings wohl alle, die in späten Jahren gelernt haben, an sich haben.« Ebenda

Herr Superintendent Alberus, als zeitweiliger Gast im »Schwarzen Kloster« zu Wittenberg lernten Sie den Herrn Professor aus nächster Nähe kennen. Was fiel Ihnen am Wesen Martin Luthers besonders auf?

»Luther war ein feiner, wohlberedter, freundlicher, holdseliger, wahrhaftiger, beherzter, gastfreier, züchtiger, fröhlicher Mann, dem alles wohl anstand, was er tat. Er konnte in allen Dingen Mäßigkeit halten und redete kein vergebliches Wort. Den Halsstarrigen war er schrecklich, den Blöden tröstlich.« XII 103

Stimmt es, dass der Professor für Bibelauslegung jedermann mit Rat und Tat zur Seite stand?

»Wenn er gefragt ward um die rechte Bedeutung eines Wortes oder Spruchs in der Heiligen Schrift, alsobald war er mit der Antwort fertig. Wenn er um Rat gebeten ward, gab er auf der Stelle so guten

Rat, als hätte er sich eine lange Zeit darauf bedacht, und war so wohl geraten, daß man leichtlich spüren konnte, der heilige Geist wäre da Meister und Ratgeber gewesen.« Ebenda

Welche Eigenschaften seines Charakters sind Ihnen besonders in Erinnerung geblieben, Herr Alberus?

»Er war nicht störrig, fuhr niemand mürrisch an, gab freundliche Antwort und guten Bericht, war kein Spötter, sondern hatte Mitleid mit der Einfältigen Torheit und Unverstand, half gern, gab gern, lieh gern, diente jedermann gern mit Rat und Tat, Worten und Werken.« Ebenda

Herr Burer, was ist Ihnen im Gedächtnis geblieben, als Sie im Jahre 1522 als Student der Theologie den Doktor Luther auf der Kanzel beim Predigen erlebten?

»Sein Gesichtsausdruck ist gütig, sanftmütig und heiter. Seine Stimme ist süß und klangvoll, und das so, daß ich die süße Beredsamkeit des Mannes bewundere. Ganz fromm ist, was er spricht, lehrt, handelt, auch wenn seine gottlosen Feinde das Gegenteil behaupten mögen. Wer ihn einmal gehört hat, verlangt ihn, wenn er nicht aus Stein ist, immer wieder zu hören, so sehr senkt er haftende Stachel dem Geist seiner Hörer ein. Kurzum, bei ihm fehlt nichts, was zur vollkommenen Frömmigkeit der christlichen Religion gehört.« XXVI 64

Sie haben – wen wundert's, Herr Vergerius! – aus Ihrer ablehnenden Haltung als päpstlicher Nuntius gegenüber dem Ketzer Dr. Martinus keinen Hehl gemacht. Das umso mehr, nachdem Sie ihn im

November 1535 in Wittenberg aufgesucht hatten und er noch immer fest auf seiner Lehre beharrte. Wie schilderten Sie schon bald darauf Papst Paul III. Ihren Eindruck von Professor Luther?

»Er ist wenig über fünfzig Jahre alt, aber stark und kräftig, so daß er seine Vierzig zu sein scheint. Er hat ein ziemlich dickes Gesicht, doch zwingt er sich, demselben einen möglichst leidenden Ausdruck zu geben ... Er hat weit aufgerissene Augen; je mehr ich sie anschaute, desto mehr fiel mir auf, wie sie ganz den Augen eines Besessenen glichen, den ich einst gesehen, so feurig und unstet, die Raserei und Wut in seinem Innern verratend. Wirklich, je mehr ich daran denke, was ich gesehn und beobachtete habe an diesem Ungeheuer ..., desto mehr drängt sich mir die Überzeugung auf, daß er von einem Teufel besessen ist.« VII 584

Fanden Sie bestätigt, Herr Botschafter, dass Doktor Lutherus ein wortstarker Redner sei, der Latein wie seine Muttersprache beherrsche?

»Seine Sprache ist nicht eben sehr fließend; Latein spricht er so schlecht, daß mir's ganz klar zu sein scheint: manche Bücher, die unter seinem Namen gedruckt sind und einen gewissen Duft guter Latinität [mustergültige lateinische Schreibweise] und Sprachgewandtheit besitzen, sind nicht von ihm. Er gestand auch selber, daß er nicht mehr Latein zu schreiben pflege, aber deutsch zu reden verstehe er. So sagte er von sich selber.« Ebenda

***

Martin Luther hielt mit seiner Meinung nicht hinter dem Berg, und wenn er es für notwendig erachtete, dann wetterte er, was das Zeug hielt, aber nicht so, dass man »Abwesender im Argen gedachte« und sie hinter dem Rücken mies und madig machte. Das konnte er auf den Tod nicht leiden. Darauf bei Tisch angesprochen, gab er zu bedenken: »Das sind rechte Säue, die im Garten die Rosen und Veilchen nicht achten, sondern ihren Rüssel nur in Unflat stecken; also tun die Verleumder auch. Großer Leute Tugenden setzen sie aus den Augen. Wo sie aber einen Fehler oder Makel an einem merken, das pflegen sie auszubreiten und sich darin zu mästen.« XIII 140

***

Als Bibelübersetzer kannte Luther selbstverständlich das Gebot aus dem Alten Testament: »Du sollst deinen Nächsten lieben wie dich selbst!« Als Prediger forderte er dazu auf: »Achte nur darauf, was Christus für dich und für alle getan hat, damit du auch lernst, was du für andere zu tun schuldig bist.« XI 687

Nächstenliebe bedeutete für ihn, den tätigen Kirchen- und Weltveränderer, aktive Hilfsbereitschaft. Martin Luthers Leben war Hilfsbereitschaft. Um seine Tafel im »Schwarzen Kloster« zu Wittenberg versammelte er unter der Regie der »Domina«, ein, zwei, manchmal auch drei Dutzend hilfsbedürftige, mehr oder weniger notleidende Kostgänger um Gotteslohn. Für Anhänger, Bedrängte und Asylanten stand seine Heimstatt als Herberge grenzenlos offen. So auch für den österreichischen, mit Luther fast gleichaltrigen Prediger Konrad Cordatus, der bekennender Lutheraner war und deshalb verfolgt wurde. Der 51-Jährige hatte im Schwarzen Kloster für sieben Monate Zuflucht bei freier Kost und

Unterkunft gefunden. Cordatus machte sich außerordentlich nützlich, indem er als erster die Tischreden Luthers mitschrieb, die der anderen Mitschreiber sammelte und so der Nachwelt erhielt. Trotzdem hatte der brave (Gottes-)Mann ständig Gewissensbisse, weil er meinte, seine Herberge bezahlen zu müssen, ohne dazu finanziell aber in der Lage zu sein. Luther gelang es nicht, seinem Glaubensbruder diesen hohlen Zahn zu ziehen.

Schließlich bat Cordatus in einem Brief eine bekannte Dame um etwas Geld, um den Luthers nicht mehr auf der Tasche liegen zu müssen. Dr. Martinus erfuhr davon und schrieb der unbekannten Frau: »Es ist nicht notwendig, daß Ihr ihm etwas schickt, so er doch bei mir wohl haben mag, was er bedarf, und was ich ihm befohlen habe, von mir zu fordern. Dennoch ist er vor mir scheu, so daß ich es ihm aufdrängen muß, was er bedarf ... Der gute Mensch macht sich ein Gewissen, daß er mir zur Last fallen würde und will deshalb immer weg. Ihn zu halten habe ich genug Mühe.« XIII 201 Luther hat den guten Cordatus (der später Superintendent im unweit gelegenen Stendal geworden war) schließlich doch ziehen lassen, jedoch nicht, ohne ihn zugleich dem Kurfürsten von Sachsen Johann Friedrich »dem Großmütigen«, für eine exponierte Anstellung zu empfehlen.

***

Martin Luther war mit den Finanzen für seine eigene große Familie nur allzu oft Matthäi am Letzten. Das focht ihn nicht an. Er bettelte dann auch so manches Mal für seine wohltätigen Zwecke bei reichen Gönnern. Und als wegen der Schlossbefestigung in Wittenberg mehrere Häuser kleiner Leute dem Erdboden gleich gemacht werden sollten, legte er Fürbitte an höchster (fürstlicher) Stelle ein. Nach einer Missernte bat er bei der landesherrlichen Finanzverwaltung den ihm persönlich bekannten Rentmeister um Getreidefreigabe für die Armen. Bei einer seiner sonntäglichen Predigt in der Stadtkirche wetterte der Gottesmann zornentbrannt von der Kanzel gegen die Wittenberger Bäcker, weil sie die Brote wiederholt zu klein gebacken hatten.

Natürlich war der Reformator damals mit solch einer vorbildlichen Ethik und Moral eine der wenigen rühmlichen Ausnahmen. Er aber wollte, dass immer mehr Menschen die Gebote der Bibel beherzigten. Und so muten seine anleitenden Worte wie ein Mini-Katechismus für wenig hilfsbereite Mitmenschen an: »Mit unserem Nächsten müssen wir in allen Nöten und Gefahren so handeln: Brennet sein Haus, so heißt mich die Liebe hinzulaufen und löschen zu helfen. Ist sonst Volk genug da, das löschen kann, kann ich heimgehen oder dableiben. Fällt er ins Wasser oder in eine Grube, so darf ich nicht weg-, sondern muß hinlaufen, so schnell ich kann und ihm helfen. Sind andere da, die es tun, so bin ich frei. Sehe ich, daß er hungert oder dürstet, so muß ich ihn nicht im Hunger und Elend lassen, sondern muß ihn speisen und tränken und nicht auf die Gefahr sehen, ob ich dadurch ärmer oder geringer werde. Denn wer dem Anderen nicht eher helfen und beistehen will, er möge es denn ohne Gefahr und Schaden seines Gutes oder Leibes tun, der wird seinem Nächsten nimmer helfen.« XXX 170 f.

Martin Luther predigte nicht nur Nächstenliebe, sondern er lebte sie auch als tätige Hilfsbereitschaft. Sie waren für ihn Evangelium gewordene Zwillingsschwestern.

***

Ein Wesenszug Martin Luthers war sein Zorn, »der ihm ein fast wollüstiges Gefühl eigener Kraft verleiht« und, »freilich immer wieder eine wesentliche Rolle als erfrischendes Element seines Geistes« spielt. XXVII 160 Der Zorn erfrische ihm sein Geblüt, mache ihn scharfsinnig und vertreibe die Anfechtungen, meinte er. Luther war diesem Gemütszustand nicht etwa hilflos ausgeliefert, sondern er bediente sich seiner bewusst zu (s)einer Verhaltenstaktik sowohl im Umgang mit seinen Gegnern (den Papisten, Widertäufern, Rechtsverdrehern und dergleichen) als auch mit seinen Freunden. Aurifaber, Bugenhagen, Melanchthon, Spalatin; auch seine Käthe und die Kinder, konnten ein Lied davon singen.

Besonders zornig gebärdete sich der Reformator gegenüber seinen katholischen Feinden, aber auch den justiziablen Rechtsverdrehern. Sie alle bekamen bei den zornigen Wutausbrüchen in seinen Reden und Schriften ihr Fett weg. Mit deftigen, groben, vulgären Ausdrücken nannte er sie »Zungendrescher, Bösewichte, Eselsköpfe, Eselsfürze usw., in die der Teufel gefahren sei.« XXVII 377

Martin Luther wusste sehr wohl, dass seine zornige Wut, sein wütender Zorn, auf seiner leichten Reizbarkeit beruhte, dass »sein heftiger und unbeherrschter Jähzorn, der manchmal rein explosiven Charakter hatte« (XXVII 555 f.) eine verfestigte Charak-

tereigenschaft war, die sich nicht so leicht ändern ließ. Also machte er aus der Not eine Tugend, nutzte sie als Mittel zum Zweck, gewissermaßen als Lebensmaxime: »Ich habe keine bessere Arznei als den Zorn, denn wenn ich gut schreiben, beten und predigen will, dann muß ich zornig sein; da erfrischt sich mein ganzes Geblüt, mein Verstand wird geschärft, und alle Anfechtungen weichen.« LVII 157
»Zorn ist der Regent der Welt, denn der Lenker, der nicht zu zürnen weiß, ist untauglich einem Gemeinwesen vorgesetzt zu werden; völlig untauglich, wenn er schon in einer solchen Stellung ist.« LVII 211

Dabei war für Dr. Martinus Zorn nicht gleich Zorn, sondern er unterschied ein ganzes Arsenal von Zornigkeit: »Der häusliche Zorn ist nur unseres Herrgotts Puppenspiel; da geht es nur um eine Rute oder um einen Schlag. Der öffentliche Zorn aber nimmt Weib und Kind durch Mord und Kriege hinweg. Beim Zorn der Kirche endlich geht es um die Seele im Himmel. Wenn ich dem Zorn des Teufels, der Sünde und des Gewissens standhalten kann, dann halte ich auch dem Zorn (meiner) Käthe von Bora stand. Mit Gewalt soll niemand etwas bei mir erreichen.« Ebenda

Schließlich gab der berühmte Kirchenmann dem staunenden Publikum noch Anleitung, wie man mit ihm und seiner Kunst, zornig zu sein, am besten umgehe: »Zorn am rechten Ort ist eine Gabe Gottes, und zu rechter Zeit mit rechten Worten schelten zu können, ist eine große Kunst. Wenn ich zornig bin, so lasse man mich nur zufrieden und lasse mich verschnaufen. Es kommt mir oft viel in den Weg, das mich ärgert. So geht's wohl anderen auch. Darum soll man einem Zornigen Raum geben.« XXX 76

Luthers ausgeprägte Charaktereigenschaft ging in den deutschen Sprachgebrauch ein mit dem berühmten Ausdruck vom »Lutherzorn«.

***

Prof. Dr. Martin Luther sei ein außergewöhnlich bescheidener Mensch gewesen. Keiner der zahllosen lutherischen Biographen vergisst das zu betonen. So weit, so gut.

Da gibt es aber auch die Aussage des französischen Religionshistorikers Ernest Renan, der meinte: »Bescheidenheit lässt sich nur schwer nachweisen: wer nämlich behauptet, bescheiden zu sein, ist es eben gerade wegen dieser Behauptung nicht mehr ...« XII 361 Der Umkehrschluss: Bescheidenheit ließe sich leicht nachweisen, wenn es gelänge, Luthers Bescheidenheit durch Luther selbst nachweisen zu lassen. Fragen wir ihn also in einem fiktiven Interview am besten selbst. Seine gegebenen Antworten sind authentisch.

Herr Professor Luther, Sie sind mit Ihrer neuen Lehre und Ihrem mutigen Auftreten gegen das Papsttum, samt seiner Gebrechen, schon jetzt ein anerkannter Gelehrter und weltberühmter Mann. Sehen Sie das ebenso?

»Ich kann mich mit solchen Worten weder rühmen noch auf sie trotzen. Ich bin ein armer, elender Mensch und habe meine Sache nicht so gewaltig angefangen, sondern mit großem Zittern und mit Furcht ... Wie demütig faßte ich den Papst zuerst an, wie flehte ich, wie suchte ich! Meine ersten Schriften beweisen es. ... Ich habe zu Leipzig gestanden, um zu disputieren vor der allerparteiischsten Gemeinde. Ich bin zu Augsburg ohne Geleit vor meinem höchsten Feind erschienen. Ich habe zu Worms vor dem Kaiser und dem großen Reich gestanden, obwohl ich vorher wußte, daß mir das Geleit gebrochen war und rohe, ausgesuchte Tücke und List gegen mich gerichtet waren. Wie schwach und arm ich da auch war, so stand doch mein Herz zu der Zeit so: Wenn ich gewußt hätte, daß so viel Teufel auf mich gezielt hätten, als Ziegel auf den Dächern waren zu Worms, wäre ich dennoch hineingeritten.« I 15/210

Ist das der Bescheidenheit nicht doch etwas zu viel, Herr Luther?

»Was ist Luther? Die Lehre gehört nicht mir. So bin ich auch für niemanden gekreuzigt … Wie käme ich armer, stinkender Madensack dazu, daß man die Kinder Christi sollte mit meinem heillosen Namen rufen … Ich bin und will keines Menschen Meister sein.« I 8/685

Demnach treten Sie als Spiritus rector der Reformation entschieden hinter Ihre Lebensleistung zurück?

»Wenn ich wüßte, daß meine Lehre (wie nicht sein kann, weil sie das Evangelium selbst ist) einem einfältigen Menschen schädlich wäre, wollte ich eher zehn Mal den Tod leiden, denn solche Lehre … unwiderrufen lassen … Ob ich aber ein hochtrabender Mensch sei, dieweil das nicht meine Lehre, sondern meine Person betrifft, will ich nicht hart widerfechten. Ich hab's zuvor mehrmals gesagt: meine Person taste an, wer da will, und wie er will; ich gebe mich für keinen Engel aus. Aber meine

Lehre, dieweil ich weiß, daß sie nicht mein, sondern Gottes ist, will ich niemand unverantwortet lassen antasten.« I 7/274

Ehe

Es hatte seine Gründe, dass Martin Luther mit einer überlegenen, ruhigen Gelassenheit auf die bösartigen, verleumderischen Anfeindungen der Altgläubigen und Immergestrigen reagierte. Insbesondere während seiner Predigt im Januar 1519 über die Ehe – Monate später veröffentlicht in seiner Schrift »Von dem ehelichen Stand« – hatte der Reformator Antworten gegeben, sowohl auf grundsätzliche als auch praktische Fragen der Ehe und damit sein reformatorisches Werk auf das Gebiet des Alltagslebens eines Christenmenschen ausgedehnt.

Der Bibelprofessor begriff Mann und Frau als höchste Schöpfung Gottes und wies darauf hin: »Es ist gut, daß Gott den Ehestand eingesetzt hat, sonst sorgeten die Eltern für die Kinder nicht, die Haushaltung läge darnieder und zerfiele; darnach würde auch der Polizei und des weltlichen Regiments, desgleichen die Religion nicht geachtet. Also ginge es alles dahin und würde ein wüstes, wildes Wesen in der Welt.« XXX 104

***

Dr. Martinus rechnete auch mit jenen Altgläubigen in einer deutlichen Sprache ab, die die Ehelosigkeit predigten: »Die Bornquelle aller Hurerei und Unzucht im Papsttum ist, daß sie die Ehe, den allerheiligsten Stand, verdammen. Denn alle, die den Ehestand verachten, müssen in schändliche, greuliche Unzucht fallen …« XXX 109

Und er wandte sich gegen die, welche die sexuelle Keuschheit im Zölibat heilig spachen: »Die schändliche und schädliche Superstition [Aberglaube] des Zölibats und ehelosen Lebens der Geistlichen im Papsttum hat viel Gutes verhindert, nämlich: Kinder zeugen, die Polizeien und den Hausstand; hat große Ursachen gegeben zu gräulichen Sünden und dieselbigen gefördert: als Hurerei, Ehebruch, Blutschande, Flüsse, unzüchtige Träume, seltsame Gespügnisse und Gesichte, die einem im Schlaf vorkommen, Pollutiones und Verunreinigung usw.« XXX 108 »Was soll's doch sein, daß man die Ehe verbietet und verdammt, die doch natürlich rechtens ist? Gleich, als wenn man verbieten wollte Essen, Trinken, Schlafen usw. Das sei ferne! Denn was Gott geschaffen und geordnet hat, das steht nicht in unser Willkür, daß wir's annehmen oder verbieten möchten. Wir werden Gott nicht meistern oder werden Schande einlegen, wie man bisher erfahren hat.« VIII 40

***

Ein perfekter Rechtsanwalt – obwohl er von dieser Gilde sonst nicht viel hielt – hätte den Ehestand nicht besser lobpreisen können als der Mönch Dr. Martinus. Seine Predigten und Schriften sind ein überzeugendes Plädoyer für die Ehe:

»Der Ehestand ist nicht allein anderen Ständen gleichgesetzt, sondern er geht vor und über sie alle, es seien Kaiser, Fürsten, Bischöfe und wer sie wollen, denn es ist nicht ein besonderer, sondern der allgemeinste, edelste Stand, der durch den ganzen Christenstand, ja durch alle Welt geht und reicht.« I 30 I/162

»Der eheliche Stand dient einem jeglichen zu seines Leibes, Gutes, Ehre und Seele Nutzen. – Das

Allerbeste aber im ehelichen Leben ist, daß Gott Frucht gibt und befiehlt, aufzuziehen zu Gottes Dienst. Das ist auf Erden das alleredelste, teuerste Werk, weil Gott nichts Lieberes geschehen mag, denn Seelen erlösen.« XIII 86

»Es ist die Ehe die Grundlage des Hauswesens, der öffentlichen Ordnung und Religion.« II 279

»Ohne Sünde kann man der Weiber nicht entbehren; man muß sie haben! Der Ehestand aber ist Gottes Ordnung und Kreatur; drum ist's nicht des Teufels Eingeben, wenn einer ein frommes Mägdlein mit Ehren lieb hat und begehrt sie zu freien.« VIII 35

Sind das nicht auch heute noch glaubwürdige Argumente, aus einem halben Menschen einen vollständigen, also aus einem Junggesellen einen Göttergatten werden zu lassen?

***

Martin Luther erschien zu Beginn des Jahres 1530 im Atelier seines nur einen Katzensprung entfernt wohnenden Freundes Lukas Cranach d. Ä. mit einem besonderen Anliegen. Er hatte den Meister auf seine bevorstehende hölzerne Hochzeit hingewiesen und ihn gebeten, seine liebliche Käthe zu porträtieren; er wolle sie mit diesem Geschenk zum fünften Hochzeitstag überraschen. Anfang Juni brachte der damals 58-jährige Cranach sein vollendetes Kunstwerk persönlich ins »Schwarze Kloster«, wo ihn Freund Martinus schon in seinem abgeschiedenen Turmzimmer erwartete. Der betrachtete mit sichtlichem Vergnügen sein so treffend abgebildetes Eheweib und sagte mit leuchtenden Augen und scherzenden Worten: »Nun will ich auch einen Mann dazu malen lassen und solche zwei Bilder aufs Konzilium schicken und die versammelten heiligen Väter fragen lassen, ob sie lieber haben wollen den Ehestand oder das ehelose Leben der Geistlichen. O, wie wäre doch ohne diese liebreiche Ordnung Gottes die Welt längst gar öde und wüste, und alles umsonst geschaffen gewesen!« XIII 181 f.

***

Wer sich so vehement wie Martin Luther für den Ehestand stark machte, dessen eigene Ehe wurde natürlich mit Argusaugen beobachtet. Er sah sich deshalb in die Pflicht genommen, selbst ein guter Ehemann zu sein und durch sein Vorbild die Ehe als ein Werk Gottes begreiflich zu machen. Es war kein Zufall, dass er gleichsam öffentlich Rechenschaft ablegte über den Lebensbund mit seiner Käthe. So lobte er bei mehreren Tischreden etwa ein Jahr nach seiner hölzernen Hochzeit: »Gott hat es gut mit mir gemeint, daß er mir ein solches Weib gab, welches für das Hauswesen sorgt, so daß ich nicht gezwungen bin, das auch noch auf mich zu nehmen.« XXXII A 92 f. Und: »Ich bin reicher als alle papistischen Theologen in der ganzen Welt, denn ich lasse mir genügen. Überdies habe ich drei eheliche Kinder; das hat kein papistischer Theologe.« Ebenda

Selbst noch nach vielen Ehejahren wusste Luther zu berichten: »Wenn ich alle Weiber in der Welt ansehe, so finde ich keine, von der ich rühmen könnte, wie ich von meiner mit fröhlichem Gewissen rühmen kann: diese hat mir Gott selbst geschenkt, und ich weiß, daß ihm samt allen Engeln herzlich wohlgefällt, wenn ich mit Liebe und Treue zu ihr halte.« XIII 184 Und bescheiden ergänzte er später: »Durch Gottes Gnade ist mir eine über die Maßen glückliche Ehe zuteil geworden.« XXXII B 94

***

Es war schon einige Zeit ins Land gegangen seit jenem unglückseligen Bekenntnis, er habe seine Katharina nicht aus Liebe, sondern aus Mitleid geheiratet. Nach sechsjähriger Ehe am häuslichen Mittagstisch erneut darauf angesprochen, lobpreiste Martin Luther nunmehr: »Ich wollte meine Käthe nicht um Frankreich und um Venedig dazu hergeben.« – »Ei, warum denn nicht?«, fragte einer seiner Freunde, der sich über diesen Gesinnungswandel gar sehr wunderte. Darauf Luther schlagfertig: »Erstens darum, weil Gott sie mir geschenkt und mich ihr gegeben hat. Zweitens, weil ich oft erfahre, daß andere Frauen mehr Fehler haben als meine Käthe … Drittens, weil sie den Glauben des Ehestandes, das ist Treue und Ehre, wahrt. So soll umgekehrt auch das Weib über den Mann denken.« I 30/284 – »Und die Liebe, Martinus«, wollte der alte Lukas Cranach wissen, der sich noch allzu gut an jene damalige Tischrede erinnerte, »was ist mit der Liebe?« Luther hatte geschmunzelt und dann eingestanden: »Ich habe meine Käthe lieb, und ich weiß, daß ich sie lieber habe, als mich selbst; das heißt, ich wollte lieber sterben, als daß sie mit den Kindern sterben müsste.« I 30/307

Eheberatung

Martin Luther war alles andere als ein Elfenbeinturm-Gelehrter. Davon zeugt auch ein Brief, den er im Frühjahr 1524 an seinen reformatorischen Mitkämpfer Martin Bucer schrieb: »Ich kann kaum alle Briefe bestreiten [beantworten], so viel Sachen und Fälle liegen bei mir auf dem Halse, sonderlich der Ehe und des Priestertums.« XXVI 95

Das war praktische Lebenshilfe zu Fragen und Problemen der Ehe.

Würde Luther heute leben, er könnte von den gleichen Problemen in der Ehe lesen: Altersunterschiede, Liebe, Geld, Glaube, Kinder, Treue, Vielehe, Ehebruch, Scheidung ... Ob er heutzutage die gleichen Antworten geben würde wie vor 480 Jahren, können wir freilich nicht wissen, aber wir können uns eine Meinung zu dem bilden, was er seinerzeit gesagt hat.

Eine der nicht wenigen Nonnen, die unter dem reformatorischen Einfluss Luthers doch noch geheiratet hatten, wollte wissen, ob denn – wie im Zölibat – auch in der Ehe die Keuschheit geboten sei. Luthers Antwort: »In der Ehe kann keine Unkeuschheit sein wegen seiner Einsetzung, seiner Aufgabe und seiner Würde, denn das ist alles gut. Aber Unmäßigkeit (kann darin sein), daß einer das Seine zu viel braucht.« LVII 286 Und wie müsse sie es mit der Treue – der Schwester der Keuschheit – halten? Darauf Luther: »Die Treue macht wesentlich das eheliche Leben aus und ist vornehmlich das ganze eheliche Leben; die Treue, die sie einander verheißen haben. So reden sie davon. Darum besteht das eheliche Leben nicht darin, daß sie einander lieb haben, sonst wären Huren und Buben auch ehelich; sondern es besteht in der Treue, daß einer zum andern sagt: Ich bin dein und du bist mein. Das ist Ehe.« I 9/216

Zwei noch sehr junge und offensichtlich verliebte Menschen – ein Student und seine Kommilitonin – saßen an dem langen Mittagstisch von Frau Luther. Von ihrem Herrn Pfarrer wünschten Sie einen Rat, ob sie denn, wie sie es liebend gern möchten, schon bald heiraten könnten. Luther antwortete, es wäre für zu junge Leute nicht ratsam, in der ersten Hitze zu heiraten: »Denn wenn sie den Fürwitz gebüßt hätten, so könnte keine beständige Ehe bleiben. Deshalb sei das etwas größere Alter zur Ehe besser geeignet, sonst kommt das Hündlein Reue, das viele Leute beißt.« LVII 272

Wie es denn mit den Altersunterschieden sei, wurde gefragt, wenn beispielsweise ein junger Mann eine alte Frau ehelichte? Er sagte: »Warum nicht«! – und nannte vier Gründe dafür aus dem ersten Buche Mose und als letzten in der Reihenfolge den, daß eine solche Ehe wegen der Würde des Ehestandes zu billigen sei. Doch wollte er gern, so fügte Dr. Martinus hinzu, daß man bei der Trauung die Worte fortließe: »Seid fruchtbar und mehret euch!« Ebenda

Und umgekehrt? »Wenn ein Greis eine junge Frau heiratet, so heißt das, den Greis bürgerlicher und natürlicher Weise töten.« LVII 273

Bei der Gelegenheit wollte ein Student wissen, wie es mit der Fleischeslust in der Ehe sei? – »Die zwei werden ein Fleisch sein. Dies ist leiblich und bürgerlich zu verstehen. Denn es sagt das Weib von dem Manne und allem, was dem Manne gehört, daß es ihr gehöre, und das Weib kommt von dem Manne her und umgekehrt. Aber in den Kindern sind sie nur indirekt eins.« Ebenda

Welche Rolle Armut und Reichtum beim Verehelichen spiele, fragte ein Wanderer aus der Schweiz. Der Reformator hielt eine Weile inne, dann antwortete er: »Für gewöhnlich geht es so: Wenn ein armer Mann ein reiches Weib bekommt, dann will sie der Herr sein. Und wenn er ihr ein Wort sagt, das ihr nicht gefällt, so reißt sie das Maul auf und fährt ihn an: Du wärst ein Bettler geblieben, wenn ich dich nicht genommen hätte. Das sollte mir nicht passieren, daß mir meine Käthe über's Maul fährt. Ich wüßte sie schon zu belohnen – mit einer Maulschelle.« IV 66 f.

Ob es denn ein Rezept gäbe, wie man eine Ehe dauerhaft haltbar machen könne, fragte ein Mann aus Dänemark, der nur wegen Luthers Lehre nach Wittenberg gereist war. – »Eheleute müssen gute Menschen sein, und Frieden in der Ehe haben ist eine Gabe, die dem Evangelium am nächsten kommt. Die aber lieblos sind und sich weder um die Kinder noch um den Ehegatten kümmern, die sind nicht Menschen, sondern wenigsten Tieren sehr ähnlich«, so der Reformator. LVII 271 Und er ergänzte: »Wenn in der Ehe weder der Mann der Frau noch die Frau dem Manne etwas nachsehen will – natürlich abgesehen von den Fällen, die die eheliche Gemeinschaft gefährden – dann wird bald der Ehestand zu einer Tyrannei und alles verdirbt.« I 40 III/215 »Wenn man den Ehestand göttlich und christlich anfangen will, so gehören drei Stücke dazu. Zum ersten, daß man ihn im Glauben anfange. Zum andern, daß man Gott um ein fromm Ehegemahl bitte und anrufe. Zum dritten, daß man danach mit Vorwissen und Willen der Eltern freie.« I 17 I/17

Wie es sich der Reformator erkläre, so fragte weiter der Mann aus dem Nordland, dass der Drang zum Ehestand nicht gerade übermächtig sei. – »Das ist die Unlust und Beschwerung im Ehestand, um welcher willen jedermann sich davor scheut, entsetzt und will nicht ehelich werden: Wir fürchten uns allzumal vor der Weiber wunderlichem Sinn, der Kinder Heulen und Schreien, Sorge vor großen Unkosten und bösen Nachbarn. Darum wollen wir frei und ungebunden sein, daß wir freie Herren bleiben und tun mögen, wie es uns gelüstet, mit Hurerei und Müßiggang.« VII 528

***

Vor Dr. Luther lag ein Bündel Briefe auf dem rustikalen Tisch im großen Speiseraum. Die Mittagsgäste – diesmal zumeist studentisches Volk, nebst einigen Magistern und Professoren – horchten auf, als der Hausherr verkündete, es gehe heute um ein trauriges Kapitel in nicht wenigen Ehen, um Untreue und Scheidungen. Er nahm einen der Briefe und begann zu lesen: »Ich bin ein Schuster, hier in Wittenberg. Mein untreues Weib hab'ch mit nem Hurenbock beim Rammeln erwischt und ergo der Feddel nen Stück Nase abgeschnitten. Und was hätt' ich mit dem noch sehr jungen Ehebrecher machen sull'n?« IV 146 Dr. Luther antwortete: »Ich hätte Sorge, ich würde ihn erstochen haben.« Ebenda

Die Lutherin, seine Käthe, bohrte etwas tiefer und fragte ihren Mann, ob denn Untreue nicht schon viel früher beginne. Der nickte. »Vor Gott gibt es zweierlei Ehebruch. Der erste ist geistlich, da einer des andern Weibes oder Mannes begehrt. Dem entläuft niemand. Der andere ist leiblich, wenn ein Weib im öffentlichen Ehebruch ergriffen wird. Das ist scheußlich und wird dennoch als Ehre gerechnet. Denn es ist eine Sünde gegen Gott, gegen den heiligen Geist, gegen Land- und Hausregiment, denn eine Ehebrecherin bringt einen fremden Erben ins Haus und betrügt den Mann.« Ebenda

Der Doktor nahm den nächsten Brief zur Hand, wiegte mehrmals den Kopf hin und her, so dass sein langes Haar wie im Winde wehte und erklärte dann, ein Bauer habe ihm geschrieben und wünsche Aufklärung, ob die Ehescheidung eine Angelegenheit für die Theologen oder die Juristen sei. Darauf der Theologe: »Die Ehe ist ein weltlich Ding; sie geht die Kirche mit allen ihren Umständen nichts an; außer, soviel es die Gewissen belangt ... Ich bin der Meinung, daß ein Urteil in Eheangelegenheiten Sache der Juristen ist. Denn wenn sie ihr Urteil über Vater, Mutter, Kinder und Knechte fällen, warum sollten sie dann nicht auch über das Eheleben urteilen?« LVII 276 Ein Theologiestudent in der Tischrunde hielt seinem Professor entgegen, man dürfe doch aber dem Ehe-Scheidungsgesetz des Kaisers auf keinen Fall folgen, denn es stehe schließlich in der Bibel geschrieben: »Was Gott zusammengefügt hat, soll der Mensch nicht scheiden.« – Luther antwortete: »Wenn der Kaiser nach seinen eigenen Gesetzen scheidet, so scheidet nicht der Mensch, sondern Gott. *Mensch* bezeichnet hier die Privatperson. Ebenso wenn Gott sagt: ›Du sollst nicht töten‹, so gilt dieses Gebot der Privatperson, nicht der Obrigkeit … ›Was Gott zusammengefügt hat‹ bedeutet also, daß *Gott* hier nicht den Gott im Himmel meint, sondern das Wort Gottes, nach dem man den Eltern und der Obrigkeit gehorsam sein soll. Was soll Gott sonst sein? Gott fügt nicht zusammen, wenn es ohne die Zustimmung des Vaters geschieht, und was ich anordne und was ich meiner Tochter befehle, das befiehlt ihr auch Gott. … Denn die Gewalt der Eltern steht in ihrer Göttlichkeit gleich nach Gott.« Ebenda

Als Nächstes zitierte Luther aus dem Brief eines Mannes, der bei ihm angefragt hatte, ob es rechtens wäre, dass er sich – da seine Ehefrau unheilbar erkrankt und nicht mehr als ein kranker Leichnam sei – eine andere Frau nehme. Martin Luther erzählte weiter, er habe wegen dieses komplizierten Rechtsfalles den Juristen und kursächsischen Rat Prof. Dr. Basilius Monner konsultiert, und der hätte geantwortet: »Die Rechte erlauben das nicht leicht, obwohl Fälle bekannt sind, da hatte man einem solchen Mann eine Beischläferin erlaubt.« – »Und deine Meinung, Martinus?«, fragte seine Käthe, die mit am Tisch saß. Der Doktor sah sein Eheweib erstaunt an, dann antwortete er: »Das ist gefährlich, denn wenn man um äußere Krankheiten willen die Ehe zu scheiden und eine andere zu nehmen gestattete, so könnte man unendliche Ursachen dafür erdenken.« LVII 277

Wieder nahm er einen Brief zur Hand, worin gefragt wurde, welche Ursachen er als gelehrter Mann kenne, dass sich ein Ehepaar von Tisch und Bett trenne. Dr. Luther hob an: »Drei Ursachen weiß ich, die Mann und Weib voneinander scheiden. Die erste: wenn Mann oder Weib der Gliedmaßen oder der Natur halber untüchtig zur Ehe ist. Die andre ist Ehebruch ... Die dritte Ursache ist, wenn sich eins dem andern selbst beraubt und entzieht, daß es die eheliche Pflicht nicht zahlen noch bei ihm sein wil ... Über diese drei Ursachen ist noch eine, die Mann und Weib voneinander scheiden lässt, aber doch so, daß beide hinfort ohne Ehe bleiben oder sich wieder versöhnen müssen. Die ist, wenn Mann und Weib sich nicht wegen der ehelichen Pflicht, sondern um anderer Sachen willen nicht vertragen.« XXX 85

Aber die Gründe für eine Scheidung seien das Eine, die andere Frage wäre, so schrieb ihm ein frommer Laienpriester in einem Brief, ob die Scheidung nach dem Evangelium überhaupt zugelassen sei. – »Fürwahr«, betonte der Reformator, »ich hasse die Scheidung so sehr, daß ich lieber nach der Schei-dung sich wieder vermählen zulassen wolle, als die Scheidung selbst. Ob sie aber zugelassen sei, unterstehe ich mich nicht zu entscheiden: Christus, der oberste Hirte sagt: »Wer sich von seinem Weibe scheidet (es sei denn um Ehebruch), der macht, daß sie die Ehe bricht; und wer eine Geschiedene freit, der bricht die Ehe. Da läßt Christus die Scheidung zu, aber allein im Fall des Ehebruchs.« Ebenda

Der Bibelprofessor hätte sich also so manchem Ratsuchenden in Sachen Eheangelegenheiten empfehlen können mit dem Spruch: *Nicht verzagen, Gott und Dr. Martinus fragen!*

Es wäre sicherlich auch gerechtfertigt gewesen, wenn er am Augustinerkloster zu Wittenberg mittels Schwarzem Brett kund getan hätte:

Erste evangelische Eheberatungsstelle
Prof. Doc. Martin Luther

Einnahmen

»Man soll mit seinen Pfunden wuchern.« – Diese biblische Redensart bedeutet, mit seinem Geld (Pfunde) in einer gegebenen Zeit so zu wirtschaften (wuchern), dass man mit seinem Einkommen nicht nur auskommt, sondern möglichst noch einen vernünftigen Gewinn macht. Schauen wir, wie oder ob überhaupt das dem fleißigen, bescheidenden, sparsamen, hilfsbereiten, großzügigen, selbstlosen, menschenfreundlichen Familienvater Luther an seinem Wohn- und Arbeitsort Wittenberg gelang.

Blieb er arm? Strebte er nach Besitz? Wurde er reich? Lebte er also nach seiner eigenen Verkündung: Reichtum sei Gottes Gabe; man solle ihn nie wegwerfen, sondern Gott dafür danken und ihn christlich gebrauchen ?

Luthers Geld und Gut – während seiner 35 Wittenberger Jahre als Prediger, Universitätsprofessor und Schriftsteller – wurde aus mancherlei Quellen gespeist: Er hatte finanzielle Einkünfte und bezog Naturalien, wurde mit Wertgegenständen beschenkt, besaß Immobilien, Grundbesitz und einen umfänglichen Tierbestand, bezahlte keine Steuern und hatte trotz alledem Schulden. An Reichtum, von dem Luther meinte, er »tröstete nicht so sehr wie ein fröhliches Herz« (I 6/120), war vorerst nicht zu denken. Aber trotz seines fröhlichen Herzens hätte er davon in den ersten Jahren sicherlich ganz gerne etwas mehr gehabt, als die acht Gulden und zwölf Groschen im Jahr für seine Predigertätigkeit an der Wittenberger Stadtkirche.

Prof. Dr. Luther übte sein hohes Lehramt an der Universität Wittenberg von Anfang an bis zu seinem Lebensende bar jeglicher Bezahlung aus. Das war deshalb so, weil laut Stiftungsvereinbarung mit dem Gründer der Universität (1502), Friedrich III. »dem Weisen«, Kurfürst von Sachsen, das Kloster der Schwarzen Augustiner, dem Martin Luther als Mönch angehörte, einen Lehrstuhl an der Theologischen Fakultät ohne finanzielle Gegenleistung zu besetzen hatte. Luther erhielt für seine umfangreiche Professortätigkeit keinerlei Gehalt. Es schwang wohl schon vor mehr als 450 Jahren die Bürokratie ihr eigenartiges Zepter. »Der Weise« Kurfürst hatte nämlich an der Universität keine ordentliche (Plan-) Stelle für den Lehrstuhl der Bibelauslegung einrichten lassen, zahlte Luther aber direkt aus seiner Schatulle ein besonderes »Jahrgeld«. Es betrug ursprünglich 200 Gulden, wurde jedoch 1536 von seinem Landesherren von 200 auf 300 Gulden und wohl 1540 nochmals auf 400 Gulden erhöht. Dieses besondere Jahrgeld auf lebenslang wurde durch allerlei kleinere Beträge ergänzt und in seinem Wert auch dadurch gesteigert, dass er zusammen mit seiner Familie das Wittenberger »Schwarze Kloster« bewohnen sowie einige Äcker und Gärten bewirtschaften durfte. Eine zusätzliche finanzielle Einnahmequelle waren halbjährlich 25 Gulden, die sich aus einem vom Kurfürsten seit Dezember 1541 gestifteten Kapital von 1000 Gulden, angelegt zu 5 Prozent, ergaben. Das ist mit der folgenden Quittung dokumentiert: »Ich, Martinus Lutherus, bekenne mit dieser meiner Handschrift, daß ich die 25 Gulden, auf dem Ostermarkt zu Leipzig fällig, im Jahr 1543 empfangen habe zu Torgau aus der Rentkammer.« I 12/489

Einen besonderen Stellenwert unter den Einkünften Martin Luthers hatten die Naturalien. In einem Schreiben des Kurfürsten aus dem Jahre 1536 ist zu lesen: »Wir haben gnädig bewilligt, daß dem Hochgeehrten Herrn Martin Luther Doktor von nun folgend 100 Scheffel Korn und zwei Malz für zwei Gebäude Bier (106 Scheffel) alle Jahre, solange er lebt, aus unserem Amt Wittenberg sollen gegeben werden.« I 12/424 Zusätzliche Naturalien also aus der Kammer seines Landesherren. Die Sache bedarf wohl der kurzen Erklärung. Das alte sächsische Hohlmaß von einem Scheffel entspricht 103,824 Liter. Somit bezog Luther jährlich um die 10 000 kg Roggen und über 10 000 kg Braugerste sowie jede Menge Malz, die zum Brauen von 6000 l Bier erforderlich war. Dazu kamen später noch 100 Klafter (1 Klafter = 3,34 laufende Meter), also 334 m Brennholz. Diese Naturalien waren insofern von besonders hohem Wert, da sie – im Gegensatz zu den Geldbezügen – nicht durch die etwa seit 1520 immer weiter um sich greifende Inflation entwertet werden konnten.

Luther führte 1542 in einer »Vermahnung« darüber Klage, dass durch die Entwertung des Geldes auch die Preise unaufhaltsam stiegen. Für uns sind seine Ausführungen sicherlich auch deshalb interessant, weil wir authentisch etwas über Lebensmittelpreise erfahren und uns so besser die damalige Kaufkraft des Geldes vorstellen können. »Niemand bedenkt, dass, wer früher mit 30 Gulden auskommen konnte, es heute kaum mit 200 kann. Warum? Früher kostete ein Scheffel Korn 2 bis 3 Groschen, eine Mandel (15 Stück) Eier 3 Pfennige und so weiter in allen Stücken. Jetzt muß das Korn

9 bis 12 Groschen, eine Mandel Eier 18 Pfennige kosten. Und dann heißt es: Die Pfaffen sind habsüchtig, wenn man die Marktpreise erhöht hat und so dem armen Mann 60 Gulden entzieht. Er muß geizig heißen, wenn er 90 Gulden hat, wovon sie ihm 60 abgeizen.« I 51/591

Dass Kleider Leute machen, das wussten offensichtlich schon zur Zeit Luthers die gut Betuchten. Jedenfalls ließ sich der weise Kurfürst nicht lumpen und beschenkte Doktor Martinus häufig mit standesgemäßer Kleidung. Luther, wie immer bescheiden, bedankte sich artig. So auch in einer Epistel im Sommer 1529: »Ich habe lange gezögert, Euer kurfürstlichen Gnaden zu danken für die übersandten Kleider und Gewänder. Aber ich will Eure kurfürstliche Gnaden untertänig bitten, Eure kurfürstliche Gnaden möge denen nicht glauben, die von mir behaupten, mir fehle etwas. Ich habe leider mehr, besonders von Eurer kurfürstlichen Gnaden, als ich im Gewissen vertragen kann. Mir gebührt auch als einen Prediger nicht, Überfluss zu haben, ich begehre es auch nicht. Darum spüre ich Euer kurfürstlichen Gnaden allzu milde und gnädige Gunst, so daß ich mich fürchte, weil ich in diesem Leben nicht gerne zu denjenigen gehören möchte, zu denen Christus spricht: ›Wehe euch Reichen, ihr habt eueren Lohn dahin.‹ Außerdem, weltlich betrachtet, möchte ich Euer kurfürstlichen Gnaden nicht gern belästigen, weil ich wohl weiß, daß Euer kurfürstlichen Gnaden soviel geben muß, daß schließlich nicht viel übrig bleiben mag, denn zuviel zerreißt den Sack. Obwohl das dunkelrote Tuch schon zuviel gewesen ist, will ich aus Dankbarkeit und zu Ehren Euer kurfürstlichen Gnaden den schwarzen Rock tragen, obwohl er mir eigentlich viel zu kostbar ist. Wäre es nicht Euer kurfürstlichen Gnaden Geschenk, würde ich einen solchen Rock nimmermehr tragen.« I 4/458

Inwieweit Martin Luther tatsächlich nach der alten Erkenntnis handelte, dass die Außenseite eines Menschen das Titelblatt seines Inneren ist, sei dahingestellt.

***

Martin Luther konnte eine stattliche Sammlung von Wertgegenständen sein eigen nennen: wertvoller Schmuck und Medaillen, Ringe, Ketten, Becher aus Gold, Silber und Glas, beschlagene Kästchen und Truhen. Sie waren zumeist Ehrengeschenke und Spenden gut betuchter Bürger und begeisterter Lutheraner. So hatte er zum Beispiel im Frühjahr 1528 von dem reichen Nürnberger Patrizier Pistorius eine teure Uhr (schon eine Taschenuhr von Peter Henlein?) und eine kostbare Silbermedaille erhalten. Dafür Luthers Dankschreiben: »Ich freue mich, ehrwürdiger Herr, über die Silbermedaille mit deinem Bild, womit ich dich als einen Abwesenden doch bei mir behalten kann: deine Seele nämlich sehe ich aus deinen Briefen, deinen Körper aber aus der Silbermedaille.« I 4/458

***

Luther gehörte unbestritten zu den Besitzenden seiner Zeit. Dazu meinte er: »Äußerlich Geld, Gut, Land und Leut haben ist an und für sich nicht Unrecht, sondern Gottes Gabe und Ordnung.« I 32/307

Einen umfassenden Über- und Einblick zu seinen Besitzverhältnissen – und auch zu seinem honorigen Charakter – bekommen wir Heutigen mit seinem Testament vom 6. Januar 1542, verfasst genau vier Jahre vor seinem Sterbedatum. Seine letztwillige Verfügung lautete:

»Ich, Martinus Luther, bekenne mich mit dieser meiner eigenen Handschrift, daß ich meiner lieben und treuen Hausfrau Katharina gegeben habe zum Leibgedinge, oder wie man es sonst nennen mag, auf ihre Lebenszeit, damit sie nach ihrem Gefallen und ihrem Besten damit handeln möge und gebe dies mit Kraft dieser Urkunde gegenwärtigen und heutigen Tages, nämlich das kleine Gut Zölsdorf, wie ich dasselbige gekauft und eingerichtet habe mit allem Zubehör, wie ich es bis hierher gehabt habe, zum anderen das Haus von Bruno Bauer, das ich unter dem Namen von Wolf Seberger gekauft habe, zum dritten, die Becher und Schmuckstücke als Ringe, Ketten, goldene und silberne Schaumünzen, die ungefähr 1000 Gulden wert sein dürften. Das tue ich darum: Erstens, weil sie mich als eine fromme, treue Gefährtin allzeit lieb, wert und schön gehalten hat und mir durch Gottes reichen Segen fünf lebendige Kinder, die noch vorhanden sind, Gott gebe lange, geboren und erzogen hat. Zweitens, damit sie die Schulden, die ich noch bezahlen muß, falls mir das zu meinen Lebzeiten nicht gelingt, auf sich nimmt und bezahlen soll. Davon sind mir ungefähr 450 Gulden bewußt. Es mögen vielleicht noch mehr sein. Auch bitte ich meine guten Freunde, sie wollten für meine liebe Käthe zeugen und sie verteidigen, wo etlich unnützliche Mäuler sie bezichtigen oder verunglimpfen wollen, als ob sie etwa eine Summe Bargelds verschwinden lassen und so den armen Kindern entzogen oder unterschlagen hätte. Ich bin des Zeuge, daß kein Bargeld vorhanden ist, sondern nur Becher und Schmuck, die ich oben im Leibgedinge genannt habe. Und zwar sollte man die Rechnung jedermann und öffentlich geben, weil man weiß, wieviel ich Einkommen gehabt habe von meinem gnädigen Herren, dem Kurfürsten. Und sonst nicht einen Heller noch Geld von jemandem gehabt außer was Geschenke waren wie die genannten Schmuckstücke und was in den Schulden steckt.« I 9/572 f.

Wie ein Garten Eden war die materielle Lebenssituation des Martinus Luther ganz sicher nicht, aber er war auch kein armer Lazarus.

Heirat

Martin Luther dachte überhaupt nicht an eine Heirat und schon gar nicht an eine mit der um 16 Jahre jüngeren Katharina von Bora, obgleich er ihr häufiger begegnet war im Hause Lukas Cranachs d. Ä. War es Zufall?

Aber es war doch der Reformator selbst, der in den letzten Jahren nicht müde geworden war, die Ehe in Wort und Schrift zu lobpreisen: »Es ist die Ehe die Grundlage des Hauswesens, der öffentlichen Ordnung und der Religion.« LVII 279 Außerdem: »Gott hat die Ehe selbst eingesetzt, darum gefällt ihm der Stand an sich mit all seinem Wesen, Werken, Leiden und was darinnen ist.« I 10 II/294 Und schließlich: »Gleichwie es notwendig ein strenges Gebot ist, da Gott spricht: *Du sollst nicht töten; du sollst nicht ehebrechen*; ebenso notwendig und ein strenges Gebot, ja noch viel notwendiger und ein strenges Gebot ist es, du sollst ehelich sein, du sollst ein Weib haben, du sollst einen Mann haben.« I 30 II/61

Nun musste er sich nicht wundern, dass Freund und Feind – wollte er nicht als Schwätzer gelten – von ihm erwarteten, er möge doch endlich auch selbst mit gutem Beispiel vorangehen, damit *das schlechte Beispiel nicht die guten Sitten verderbe,* wie schon Apostel Paulus gemahnt hatte. Aber was wussten die Leute denn schon von seinen inneren Nöten: den Gedanken, als Ketzer schon bald hingerichtet zu werden; den Regungen des Fleisches, die ihn peinigten; einem Alter von vier Jahrzehnten, davon die Hälfte als Mönch mit dem streng gelebten Keuschheitsgelübde; der Taubheit der Lebensblüte *Erfahrung* mit dem andern Geschlecht; seinen kaum noch zu bewältigenden beruflichen Aufgaben und reformatorischen Pflichten; seiner angegriffenen Gesundheit, seinen schwindenden körperlichen Kräften und noch so manches mehr.

Was sollte er da mit Frau und Kindern und den zusätzlichen Pflichten eines honorigen Familienvaters? Solche Überlegungen hatten ihn immer wieder abgehalten, einer Frau und Ehe näher zu treten.

Nach außen, gegenüber seinen Freunden, die ihn unablässig zum Ehestand ermahnten, reagierte er mit beißender Ironie. So schrieb er am 16. April 1525 an seinen höfischen Freund Spalatin: »Ihr fragt, warum ich nicht heirate. Darüber dürft Ihr Euch nicht wundern, da ich doch ein so berüchtigter Liebhaber bin. Da ich so viel von der Ehe schreibe und so viel mich mit Weibern bemenge, ist es eigentlich vielmehr wunderbar, daß ich nicht selbst eins geworden bin. Warum also davon reden, daß ich keine gefreit! Fordert jedoch Ihr, daß ich Euch ein Beispiel geben soll, so könnt Ihr sogleich ein sehr durchschlagendes vernehmen. Habe ich doch gleich drei Weiber auf einmal gehabt und so tapfer geliebt, daß ich zwei davon wieder eingebüßt habe, die andere Freier zu nehmen gedenken. Die dritte hält auch nur ein schwaches Band, und auch sie wird mir vielleicht bald entrissen.« LVII 33

Mit diesem letzten Hinweis spielte Luther auf Ave von Schönfeld an, die Bedienstete seines Freundes Lukas Cranachs, mit der ihn zu verkuppeln sie versucht hatten, bis sie schließlich entmutigt aufgaben. Die einstige Nonne heiratete schließlich den jungen Arzt Basilius Axt, Leiter der Cranach-Apotheke. Das verständnislose Kopfschütteln seiner Freunde konterte Luther mit den Worten: »Nicht, daß ich mein Fleisch oder Geschlecht nicht fühlte, da ich weder Holz noch Stein bin, aber mein Sinn ist der Ehe fremd, da ich täglich den Tod und die verdiente Strafe des Ketzers erwarte. Daher will ich Gott kein Ziel seines Werkes in mir setzen noch mich auf mein Herz verlassen. Ich hoffe aber, daß er mich nicht lange leben läßt.« XXXVI 122

Entgegen diesen trüben Gedanken musste ihm doch ganz plötzlich das Licht der Erleuchtung aufgegangen sein, denn inmitten der tobenden Schlachten des Bauernkrieges heiratete der Mönch Martin Luther – ohne Vorwarnung und für die meisten völlig überraschend – am Abend des 13. Juni 1525 in aller Stille die Nonne Katharina von Bora. Die Trauung hatte eiligst der Stadtpfarrer und Luther-Berater Johannes Bugenhagen übernommen. Als Trauzeugen saßen der Maler Lukas Cranach d. Ä. mit seiner Ehefrau Barbara, der Jurist Johannes Apel und der Schloßpropst Justus Jonas auf ihren Stühlen.

Martin Luther kommentierte 1539 während einer Tischrede diese eigenartige Hochzeit mit Katharina verblüffend so: »Wenn ich vor vierzehn Jahren eine Ehefrau hätte heimführen wollen, so hätte ich damals Ave von Schönfeld erwählt. Zu der Meinigen [Käthe] hatte ich nie eine Zuneigung. Ich hatte den Verdacht des Hochmuts … doch Gott hat es so gewollt, daß ich der Verlassenen mich erbarmte.« XXXII B 91

***

Die Heirat eines so berühmten Mönchs und einer Nonne hatte es bis dato im Heiligen Römischen

Reich deutscher Nation noch nicht gegeben und entsprechend war der kirchliche und weltliche Staub, den dieser ebenso mutige wie sensationelle Akt aufgewirbelt hatte. Das beunruhigte Luther nicht. Dass aber sein Mitreformator und bewährter Freund Philippus Melanchthon in das gleiche misstönige Horn stieß, das ließ ihn nicht kalt, wie sein Brief an den Hofprediger Georg Spalatin beweist, den er nur drei Tage nach der Trauung geschrieben hatte: »So gering und verächtlich habe ich mich durch diese Heirat gemacht, daß, wie ich hoffe, die Engel lachen und alle Teufel weinen. Die Welt und die klugen Leute erkennen das fromme und heilige Gotteswerk noch nicht an und geben es bei mir allein für etwas Gottloses und Teuflisches aus. Aus diesem Grund ist es viel besser, daß durch meine Heirat ihr Urteil verdammt und zuschanden werde, soviel ihrer auch in der Unkenntnis Gottes verharren.« XXXII B 92

Und als wollte er seiner jungen Gattin Mut zusprechen für ihren gemeinsamen Weg inmitten von Anfechtungen und Anfeindungen, ließ er sie wissen: »Die höchste Gnade und Gabe Gottes ist, ein fromm, freundlich, gottfürchtig und häuslich Gemahl haben, mit der du friedlich lebest, der du darfst all dein Leib und Leben vertrauen, mit der du Kinderlein zeugest […] Käthe, du hast einen frommen Mann, der dich lieb hat, du bist eine Kaiserin!« XXX 106

***

Es wurde viel gerätselt, was diesen Martin Luther, der erst so gar nicht wollte, dann aber so ruckzuck heiratete, dazu veranlasst haben könnte. Die Gerüchteküche brodelte gar heftig. Die übelste Nachrede – verbreitet von seinen altgläubigen Feinden – lautete: das raffinierte Weibsbild habe den unerfahrenden Mönch umgarnt und weil er die Nonne geschwängert, mussten sie Hals über Kopf heiraten. Die Lästermäuler verfolgten fortan Katharinas Bauch mit Argusaugen. Luther blieb ruhig. Er vertraute auf Gott, auf den Beweis der Natur und auf Adam Ries mit seinen Rechenregeln: Dr. Martinus heiratete seine Käthe am 13. Juni 1525, Johannes aber, sein Erstgeborener, erblickte erst ein Jahr später, am 7. Juni 1526, das Licht der Welt. Damit vollbrachte Hänschen, wie sie ihn schon bald nannten, den ersten guten Hilfsdienst für seine außergewöhnlichen Eltern.

***

Wollte Luther doch nicht auf diesen unumstößlichen Naturbeweis bei Katharinas Schwangerschaft warten und mit seiner kurz entschlossenen Heirat allen Gerüchten einen Riegel vorschieben?

Wer wie er das ganze Papsttum, die alte Kirchen- und Weltordnung angriff, der hätte bis ans Ende seiner Tage nichts anderes zu tun gehabt, als den ungezählten Gerüchten das Lebenslicht auszupusten. Luther jedoch war über alle teuflischen Lästerungen erhaben. Aber wir verfügen ja – dank seiner Tischreden – über ganz handfeste Aussagen von ihm selbst: »Mein Rat ist immer der, man möge nach abgeschlossenem Verlöbnis möglichst schnell zur Heirat schreiten. Das Hinausschieben ist gefährlich um der Verleumder willen, welche der Satan anstiftet; auch die beiderseitigen Freunde fangen gewöhnlich etwas Ungeschicktes an … Nur flugs zusammen! Wenn ich nicht insgeheim geheiratet hätte, so hätten alle Freunde gerufen: Nicht diese, sondern eine andere!« XXXII B 90

Mehr noch. Luther wusste, wie wenig sein Vater ihn den Gang ins Kloster verziehen, wie gern er es gesehen hätte, wenn sein begnadeter Sohn ein ganz normales weltliches Leben – auch mit Ehe, Weib und (Enkel-)Kindern – geführt hätte, und wie sehr sein Erzeuger darunter litt, dass er statt dessen als Ketzer gebannt, geächtet und von der Inquisition bedroht wurde. So war es mehr als nur eine (nachträgliche) Einladung zur Hochzeitsfeier, als Martin Luther am 15. Juni 1525 in einem Brief nach Eisleben schrieb: »Wohlan, weil sie denn toll und töricht sind, will ich mich auch bereitmachen, daß ich vor meinem Ende in dem von Gott erschaffenen Stande gefunden werde und nichts von meinem früheren papistischen Leben an mir übrigbleibe, soviel an mir liegt, und [ich will] sie noch toller und törichter machen, und das alles zum letzten Abschied. Denn es ahnt mir selber, Gott werde mir [endlich] einmal zu seiner Gnade helfen. So habe auch ich mich nunmehr nach dem Begehren meines lieben Vaters verehelicht und habe um dieser [bösen] Mäuler willen, damit es nicht verhindert würde, in Eile das Beilager abgehalten.« XXXII B 91

***

Was Luther hier gewissermaßen taufrisch als Zwei-Tage-Ehemann fast beiläufig als *Beilager* bezeichnete, war ein für uns Heutige sicherlich erstaunlicher Brauch des Mittelalters. Er unterzog sich ihm mit seiner Käthe, der geltenden »Sitte und Moral« wegen (aus seinen vorausgegangenen Äußerungen über »Fleischeslust« zu schließen wahrscheinlich nicht einmal widerwillig). Jedenfalls wurden die beiden frisch Vermählten am 13. Juni abends in die Schlafkammer geleitet, wo sie sich entkleideten, auf die Liebesstatt legten und unter den Augen mehrer Zeugen den rechtlich bindenden Akt der eigentlichen Trauung, die Kopulation, das sogenannte Beilager, vollzogen. Der Jurist Justus Jonas, einer der vorgeschriebenen »Trauzeugen«, schilderte seine Eindrücke nur wenige Stunden später am folgenden Mittwoch, bei einem festlichen Frühstück der Brautleute so: »Luther hat Katharina von Bora zur Frau genommen. Gestern war ich zugegen und sah das Paar auf dem Brautlager liegen. Ich konnte mich nicht enthalten, bei diesem Schauspiel Tränen zu vergießen.« XXXV 536 f.

Honorar

Es wird, vor allem wenn es um Luthers finanzielle Einnahmen geht, manchmal zu wenig beachtet, dass er auch ein überragender Schriftsteller war, dessen geistigen Kinder Bestseller wurden. Waren sie ihm aber auch kommerzielle Glücksbringer?

Als ihm 1520 der Bann angedroht wurde, antwortete er mit drei Schriften: »An den christlichen Adel deutscher Nation«, »Von der babylonischen Gefangenschaft der Kirche« und »Von der Freiheit eines Christenmenschen«. Es folgten zum ersten Mal drei protestantische Kirchengesangbücher, sodann seine Anti-Bauernkriegsschriften (1525), u. a.: »Vermahnung zum Frieden auf die zwölf Artikel der Bauernschaft«. Auch seine September-Bibel (1522) sowie die ersten Ausgaben des Kleinen Katechismus (1528) und Großen Katechismus (1529) waren alles andere als Ladenhüter. 1534 erschien dann, nachdem er zwischenzeitlich auch das Alte Testament übersetzt hatte, die Gesamtausgabe (Altes und Neues Testament) der Luther-Bibel. Davon wurden im Laufe der Jahre 100 000 Exemplare verkauft.

Allein das hätte ihn mit etwa 5000 Gulden reich gemacht, doch er verzichtete wie bei all seinen Büchern auf (s)ein Honorar. Schon vorher wollten die Buchdrucker »ihm jährlich 400 Gulden für seine Manuskripte geben, dass er sie bei ihnen drucken ließe, doch er wollte das nicht tun und Gottes Gnade nicht verkaufen.« III 71 Eine noble Geste, die beweist, dass Luther nicht nur öffentlich Wasser predigte, sondern es auch tatsächlich trank. Er selbst sagte dazu 1539 in einer Tischrede zu solcherart Nebeneinkünften: »Ich habe ganz genug und satt, Gott sei Lob, der mir eine Ehefrau und Kinder als schönsten Segen gegeben hat und einen Kurfürsten, der mir freiwillig 200 Gulden im Jahr gibt. Oft hat mich meine Frau überreden wollen, für Geld Vorlesungen zu halten, aber Gott kam mir zuvor durch den Kurfürsten. So habe ich ein Leben lang kein Manuskript verkauft oder eine Vorlesung für Geld gehalten. Den Ruhm will ich bei Gott mit ins Grab nehmen.« I 12/489

Und dieser Ruhm feierte Auferstehung und begleitete Martin Luther durch die Jahrhunderte – bis heute.

***

Für uns Heutige ist es selbstverständlich, dass sich ein Buchautor seine Leistung mit dem allgemeinen Äquivalent Geld honorieren lässt. Das war auch zu Luthers Zeit so, doch er selbst machte davon keinen Gebrauch. Was möge der Schriftsteller Martin Luther für Motive gehabt haben, auf das Honorar für seine Bücher zu verzichten?

Allein sein Hauptwerk – die 1534 erschienene Luther-Bibel – war als »Buch der Bücher« von Anfang an ein profitabler Bestseller. Er hätte seinen Verfasser schlagartig zu einem reichen Mann machen können.

Was also möge Luther bewogen haben, nicht nur auf seine Honorare zu verzichten, sondern damit auch auf den inoffiziellen Titel »Erster Buch-Honorar-Millionär der Deutschen«? (Das wurde knapp drei Jahrhunderte später Goethe mit umgerechnet 4,5 Millionen Euro).

Ist Luthers Antwort nicht frappierend? – »Ich habe keinen Heller dafür genommen, noch gesucht, noch damit gewonnen. Wenn ich mir es nicht ließe von Herzen sauer werden, um des Mannes willen, der für mich gestorben ist, so sollte mir die Welt nicht können Geldes genug geben, daß ich ein Buch schreiben oder etwas in der Bibel verdolmetschen sollte. Ich will meine Arbeit von der Welt nicht belohnt haben, sie ist zu gering und arm dazu.« XIII 128 f.

Katharina

Katharina von Bora war eine ungewöhnliche Frau: fromm, adelsstolz, intelligent, lebenstüchtig. Das war sie schon, bevor sie Luthers Frau wurde, das war sie mit ihm, und das blieb sie auch nach seinem Tod als seine Witwe. Aber dass wir es überhaupt wissen, das wissen wir nur deshalb, weil es Martin Luther gegeben hat.

Das Besondere eines Menschen wird der (Nach-)Welt manchmal nur bekannt, weil er das Glück hatte, an der Seite eines Weltbekannten zu leben. Ein solcher Mensch war Katharina, die von Luther und ihren Freuden »Lutherin« gerufen wurde. Er nannte sie auch »Domina«, manchmal »Doktorin«, gelegentlich auch »Herrin« oder »Gärtnerin«, zumeist aber »Käthe«.

***

Auf dem Rittergut in Lippendorf, südlich von Leipzig, lebte der verarmte Adlige Hans von Bora mit seiner Ehefrau und drei Söhnen. Als nach Katharinas Geburt, am 29. Januar 1499, schon bald ihre Mutter verstarb, gab der später erneut verehelichte Vater seine fünfjährige Tochter kurzerhand in die Mädchen-Klosterschule der Benediktinerinnen im unweit gelegenen Brehna und erneut fünf Jahre später in das Zisterzienserkloster St. Marienthron im sächsischen Nimbschen bei Grimma.

Katharina war nicht gefragt worden, ob sie ihr Dasein hinter Klostermauern verbringen wolle, als man ihr die blonden Zöpfe abschnitt und sie vor

Gott das dreifache Gelöbnis ablegen ließ, bis an ihr irdisches Ende keusch, gehorsam und arm zu leben. Das Leben als Nonne, als jungfräuliche »Braut Christi«, war zwar weltentfremdet und eintönig, gewährte ihr aber Geborgenheit und Sicherheit vor materieller Not und »sexuellen Sünden« sowie eine überdurchschnittliche Bildung, insbesondere im Lesen, Schreiben, Rechnen und Latein.

Aber so ganz und gar abgeschirmt von der Welt da draußen lebten die Nonnen im Kloster St. Marienthron nun doch nicht. Von Zeit zu Zeit fuhr ein gewisser Leonhard Koppe, seines Zeichens Ratsherr und Kaufmann in Torgau sowie Luther-Anhänger, mit Pferd und Rollwagen vor, um dem Kloster zu verkaufen, was die Nonnen landwirtschaftlich nicht selbst erzeugen konnten: Heringe, Textilien, Salz u. Ä. Durch ihn, aber auch durch die Fronbauern der umliegenden Dörfer, hatten die Nonnen von einem Mönch und Reformator namens Luther sowie seinen ketzerischen Gedanken gehört und gelesen; auch in seiner Schrift »Von der Freiheit eines Christenmenschen«, die 1520 als eines seiner reformatorischen Hauptwerke erschien. Da war Katherina 21 Jahre alt und lebte schon über ein Jahrzehnt hinter Klostermauern. Was sie da las, das war so, als hätte dieser Martin Luther es nur für sie und ihre Ordensschwestern geschrieben: »Ein Weibsbild ist nicht geschaffen, Jungfrau zu sein, sondern Kinder zu tragen. Wieviel meinst du, daß Nonnen in Klöstern sind, die fröhlich und mit Lust ungezwungen ihren Gottesdienst tun und Orden tragen? Unter tausend kaum eine.« XXXIX 25 f. Immer wieder disputierten Katharina von Bora und die anderen Nonnen über ihr

Schicksal, bis ihr Entschluss eines Tages feststand: auch sie wollten als freie Christenmenschen leben und das Kloster verlassen wie so viele andere in den vielen anderen Klöstern.

Noch heute weist eine Gedenktafel in der Nimbschener Klosterruine darauf hin, was damals geschehen war: »In diesem Kloster weilte 1509–1523 Katharina von Bora. Befreit wurde sie durch den Ratsherrn Leonhard Koppe aus Torgau am 4. April 1523, vermählt mit Dr. Martin Luther zu Wittenberg am 13. Juni 1525.« Ebenda

Was mag da nicht alles geschehen sein vor fast einem halben Jahrtausend im Kloster St. Marienthron zu Nimbschen und dem »Schwarzen Kloster« in Wittenberg zwischen der Nonne Katharina von Bora und dem Mönch Martin Luther?

***

»Ich habe gestern aus dem Kloster Nimbschen neun Nonnen aus der Gefangenschaft empfangen«, hatte Martin Luther am 8. April 1523 in einem Brief aus dem »Schwarzen Kloster« in Wittenberg dem Vikar der Augustinereremiten, Wenzeslaus Linck, ziemlich rätselhaft mitgeteilt. Für des Rätsels Lösung sorgte Luther dann selbst in seiner Schrift: »Ursach und Antwort, daß Jungfrauen Klöster göttlich verlassen mögen«. Danach hatte sich der »Raub« (wie er selbst schrieb) der Nonnen so abgespielt: Zwölf Klosterfrauen hatten sich mit der Bitte an ihn persönlich gewandt, er möge seiner Theorie *von der Freiheit eines Christenmenschen* sowie seinem Motto: »Not bricht Eisen und hat kein Ärgernis« nun auch Taten folgen lassen und sie aus dem Kloster Nimbschen befreien.

Luther kannte nur einen, der das bewerkstelligen konnte, weil er bei Tag und Nacht freies, unkontrolliertes Geleit zum Nonnenkloster hatte, seinen besonderen Freund, »den klugen und weisen Leonard Koppe, Bürger zu Torgau«. XXXIX 29 Der hatte dann am 4. April 1523 in der Nacht zum Ostersonntag die zwölf Jungfrauen auf seinem Planwagen aus dem Kloster hinaus in das etwa 100 km entfernte Wittenberg via Torgau verfrachtet, nachdem er unterwegs drei der befreiten Nonnen bei ihren Verwandten abgesetzt hatte.

In der mittelalterlichen Öffentlichkeit blieb die Entführung geheimnisumwittert. Selbst eine Torgauer Chronik wusste zu berichten, ihr Ratsherr Koppe hätte die Klosterschwestern »in einem bedeckten Wagen herausgebracht, gleich als führte er ledige Heringstonnen.« XXXVI 118 Daraus entstand später die Legende, Koppe habe die Nonnen entführt wie Heringe in Tonnen. Halten wir uns besser an die sachliche Bewertung dieser sensationellen Affäre durch Dr. Martinus selbst: »Wollte Gott, ich könnte auf solche oder andere Weise alle gefangenen Gewissen erretten und alle Klöster leer machen; ich wollte mich danach keineswegs scheuen, es zu bekennen, samt allen, die dazu geholfen hätten.« XXXIX 29

***

Was war das für ein Getuschel und Geflüster und Volksgemurmel und Altweibertratsch in der 2500-Seelen-Gemeinde-Wittenberg, als über Nacht plötzlich so viele Nonnen in ihrer Mitte aufgetaucht und dann auch immer wieder mit diesem ketzerischen Mönch gesehen worden waren. Ein gefundenes

Fressen für die altgläubigen Reformationsfeinde, Martin Luther alle erdenklichen Begierden der »Fleischeslust« anzudichten und ihn als »tierischen Wüstling«, »Nonnenhengst« und »Jungfernschänder« zu diffamieren.

Luther focht das nicht an. Was ihn umtrieb, weil er sich für die durch seine Hilfe Entflohenen verantwortlich fühlte, war sein Bemühen, ihnen den Weg ins weltliche Leben zu bahnen. Einige waren schon auf eigenen Beinen in ihre Elternhäuser zurückgekehrt. Eine gründete eine Mädchenschule. Margarete von Schönfeld wurde von Leonard Koppe, ihrem Entführer, als sein Eheweib heimgeführt. Auch andere Adelstöchter waren – dank Luthers und Gottes Hilfe – unter die Haube gebracht worden.

Nur die 24-jährige Katharina von Bora war schwer zu verkuppeln gewesen. Sie hatte zwar in dem großen Anwesen des Malers sowie Gasthof-, Apotheken- und Druckereibesitzers Lukas Cranach d. Ä., einem engen Freund Luthers, Arbeit und Brot gefunden, war aber dann, was die sich anbietenden Burschen anbelangte, recht eigensinnig und wählerisch. Wenn nur der Richtige käme, dann wäre auch sie nicht abgeneigt zu heiraten, hatte sie gelegentlich wissen lassen.

Nun war Katharina zwar keine ausgesprochen schöne Tochter Evas mit ihrem rundlichen Gesicht, den hohen Wangenknochen, der hohen Stirn, langen Nase und dem kräftigen Kinn unter den schmalen, dünnen Lippen, aber sie wirkte mit ihrer jungfräulichen Lieblichkeit irgendwie anziehend; so auch auf den Nürnberger Patriziersohn Hieronymus Baumgärtner, einem Studenten Professor

Luthers. Die beiden verliebten sich ineinander und wollten heiraten, doch seine Eltern sagten dazu weder Ja noch Amen. Der junge Mann reiste auf Nimmerwiedersehen ab, trotz eines Briefes Luthers, den er ihm am 12. Oktober 1524 zustellen ließ: »Wenn du übrigens deine Käthe von Bora festhalten willst, so beeile dich, ehe sie einem anderen gegeben wird, der schon vorhanden ist. Sie hat die Liebe zu dir noch nicht überwunden. Ich würde mich sicher über eure Verbindung freuen ...« XXI 141 Der andere, dem Jungfer Katharina gegeben werden sollte, hieß Kaspar Klatz, seines Zeichens Doktor der Theologie und Pfarrer in Orlamünde, dem sie jedoch einen Korb verpasste, weil sie »weder Lust noch Liebe« (XXVI 194) für ihn empfand.

Für Katharina kam also nur eine Liebesheirat in Frage und sie kannte auch schon ihren heimlichen Favoriten, wie sie Nikolaus von Amsdorf, einem engen Mitarbeiter und Freund Luthers anvertraute, dass sie nämlich »lieber wollte (da es geschehen könnte und Gottes Wille wäre) ihn, Doctorem Martinum ... ehelich zu nehmen.« XXVI 195

Kinder

Nicht erst seitdem Martin Luther mit 42 Jahren selbst Vater geworden war, hatte er sich wiederholt über Kinder, diese besonderen »Geschenke Gottes«, in seinen Predigten, Reden und Schriften geäußert. Er meinte, Beischlaf ergebe sich leicht, auch ohne verheiratet zu sein, aber das schönste Ehepfand seien Kinder, und je mehr davon, umso größer das Familienglück. Kinder seien das lieblichste Ehepfand, denn sie schaffen und erhalten das Liebesband.

Danach gefragt, ob er in den Kindern – so wie die alten Perser – ebenfalls eine Brücke zum Himmel sehe, meinte der Gottesmann: »Vater und Mutter können an den Kindern den Himmel und die Hölle verdienen, je nachdem, ob sie ihnen gut oder übel vorstehen.« I 16/490 Aber selbst wenn die Kinder undankbar sind, sollten die Eltern nicht aufhören, für ihr Wohl zu sorgen, weil: »Es gibt keinen größeren Schaden in der Christenheit, als Kinder zu vernachlässigen. Denn will man der Christenheit wieder helfen, so muß man fürwahr bei den Kindern anfangen, wie vorzeiten geschah.« I 2/170

Am 14. Mai 1539 (da waren seine 6 Kinder schon geboren) nahm Luther eine Rose zur Hand, bezeichnete sie als ein ebenso prächtiges Geschenk Gottes, wie es ein Menschenkind ist und sagte schließlich: »Wenn das ein Mensch vermöchte, daß er eine einzige Rose machen könnte, so sollte man ihm ein Kaisertum schenken! Aber der unzähligen vielen Gaben Gottes achtet man nicht, weil sie gemein sind und wir täglich damit umgehen ...« XXX 91

Beim Überdenken des menschlichen Lebens, beginnend mit der Kindheit, kam Prof. Dr. Luther 1532 zu einer erstaunlichen Periodisierung, der er eine Siebener-Regel zugrunde legte: »Am Mittwoch ist mein Hans sechs Jahr alt geworden, geht nun ins siebente Jahr, das immer die Menschen umwandelt. Die ersten sieben Jahre sind die Kindheit; dann kommt das Knabenalter, darin sie die Anfänge von Wissen und Künsten lernen sollen. Im vierzehnten Jahr beginnen sie die Welt zu sehen; dann sollen sie mehr lernen. Im einundzwanzigsten möchten sie heiraten, im achtundzwanzigsten sind die jungen Männer Haus- und Familienväter. Mit fünfunddreißig Jahren haben die Männer ihre Ämter in Staat und Kirche und nehmen an Würde zu bis zum zweiundvierzigsten. Da stehen sie auf der Höhe, aber danach nimmt bald die Schärfe unserer Sinne ab. So bringt jedesmal das siebente Jahr jedem Menschen neues Leben, neue Lebensweise und veränderte Lage.« XXX 111

***

Martin Luther hat sich – wie könnte es anders sein – viele Gedanken gemacht über die Erziehung seiner Kinder, auch über ihre künftige Entwicklung. Luthers Pläne für die berufliche Zukunft seiner drei Söhne Johannes, Martin und Paul waren bestimmt von Überlegungen, welchen seiner Freunde bzw. Bekannten er sie jeweils – entsprechend ihren Anlagen, Neigungen und Fähigkeiten, die er bei ihnen beobachtet hatte – zur Ausbildung anzuvertrauen gedachte.

Derjenige seiner Söhne, welcher studieren wolle, sollte sich am besten unter die Fittiche seiner gelehrten und bewährten Freunde Melanchthon und

Jonas begeben. Wer mit der Hand zu arbeiten gedenke, der möge zu einem tüchtigen Bauern in die Lehre gehen. Jener aber, der das Kriegshandwerk betreiben wolle, den hatte er für den Erbmarschall Johannes Löser vorgesehen, einem kursächsischen Edelmann, der Pate bei seinem jüngsten Sohn Paul gestanden hatte. Diese Zuordnung hatte Vater Luther wirklich im Sinn, denn er betonte wiederholt: »Paul soll wider die Türken ziehen!« XXI 232

Den tatsächlichen Berufsweg seiner Söhne konnte Martin Luther nicht mehr miterleben, und so blieb ihm auch verborgen, dass keiner von ihnen Soldat oder Bauer wurde, denn alle drei haben später studiert.

***

Katharina schenkte ihrem Gemahl zwischen 1526 und 1534 sechs Kinder. Zwei von ihnen wurden den beiden schon frühzeitig genommen.

Elisabeth, im Dezember 1527 als zweites Kind geboren, raffte knapp acht Monate später (höchstwahrscheinlich) die Pest hinweg. Magdalena, geboren im Mai 1529, starb mit 13 Jahren. Als Luthers Liebling schwer erkrankt vor ihnen lag, sagte er: »Du liebes Töchterlein! Der Geist ist stark, aber das Fleisch ist schwach. Ich habe dich ja sehr lieb. Wenn das Fleisch so stark ist, was wird dann der Geist sein?« XXX 92

***

Johannes, genannt Hans oder auch Hänschen, kam am 7. Juni 1526 – 12 Monate nach der Hochzeit seiner Eltern – zur Welt. Schon bald teilte Luther einem Freund mit: »Mein treffliches liebes Weib hat mir mit Gottes Segen ein Söhnlein Hänschen Luther geboren und durch Gottes wunderbare Gnade bin ich Vater geworden.« An anderer Stelle heißt es: »Johannes Lütherlein ist gesund [...].« XXXIX 115

Dieses »Lütherlein« wuchs heran zur Freude seiner Eltern. Weniger erfreulich für Vater Luther war, dass sein Sohn später Jura in Königsberg und Wittenberg studierte, zum Baccalaureus promovierte und dann als juristischer Staatsrat bei den Kurfürsten von Sachsen und Brandenburg sowie als Kanzleirat am Weimarer Hof tätig war. Ausgerechnet Juristerei, die auch er einst in Erfurt auf Geheiß seines Vaters studieren sollte, dann aber die Mönchskutte vor- und angezogen hatte. Mit diesen Rechtsverdrehern hatte er auch in der Folgezeit nichts am Hut. Und so mahnte er schon frühzeitig: Selbst wenn er hundert Söhne hätte, würde er nicht einen von ihnen Jura studieren lassen. »Gott behüte meine Söhne davor«, hatte er gewarnt und war noch deutlicher geworden: »Wenn du Jurist werden solltest, wollte ich dich an einen Galgen hängen.« LIII 138

So ist das mit den väterlichen Warnschüssen. Sie treffen nicht immer ins Schwarze. Sohn Hans wurde ein hoher Staatsbeamter in der Juristerei. Vater Luther gab klein bei, denn: Der Mensch denkt und Gott lenkt.

***

Der Reformator weilte vom 16. April bis 13. Oktober 1530 auf der Veste Coburg, um von dort aus die Religionsverhandlungen des Augsburger Reichstages zu verfolgen, da er – belegt mit Kirchenbann und Reichsacht – nicht selbst teilnehmen konnte. Luther litt unter Heimweh und hatte Sehnsucht nach seinem Sohn Hans. Zu dessem vierten Geburtstag, am 7. Juni 1530, verfasste er die folgende kleine Geschichte und schickte sie per Postboten nach Wittenberg, damit sie die Lutherin ihrem Sohn vorlese:

»Gnade und Friede in Christo! Mein herzliebes Söhnchen!

Ich sehe gern, daß du wohl lernst und fleißig betest. Tue also, mein Söhnchen und fahre fort! Wenn ich heimkomme, so will ich dir ein schönes [Geschenk vom] Jahrmarkt mitbringen.

Ich weiß einen hübschen lustigen Garten, da gehen viele Kinder hin, die haben goldene Röcklein an und lesen schöne Äpfel, Birnen, Kirschen und Pflaumen unter den Bäumen auf und singen, springen und sind fröhlich. Sie haben auch schöne kleine Pferdlein mit goldenen Zaumzeug und silbernen Sätteln.

Da fragt ich den Mann, dem der Garten gehört, wessen Kinder das wären. Er sprach: ›Es sind Kinder, die gern beten, lernen und fromm sind.‹

Da sprach ich: ›Lieber Mann, ich hab auch einen Sohn, der heißt Hänschen Luther, könnte er nicht auch in diesen Garten kommen, daß er auch solche schöne Äpfel und Birnen essen möchte und solche feine Pferdlein reiten und mit diesen Kindern spielen?‹

Da sprach der Mann: ›Wenn er gern betet, lernt und fromm ist, so soll er auch in den Garten kommen, Lippus und Jost [die Söhne von Melanchthon und Jonas] auch, und wenn sie alle zusammen kommen, so werden sie auch Pfeifen, Pauken, Lauten und allerlei anderes Saitenspiel haben, auch tanzen und mit kleinen Armbrüsten schießen.‹

Und er zeigte mir eine feine Wiese in dem Garten, zum Tanzen zugerichtet, da hingen lauter goldene Pfeifen, Pauken und feine silberne Armbrüste. Aber es war noch früh am Tage, und die Kinder hatten noch nicht gegessen. Ich konnte des Tanzes nicht abwarten und sprach zu dem Mann: ›Ach lieber Herr, ich will flugs hingehen und das alles meinem lieben Söhnlein Hänschen schreiben, daß er ja fleißig bete, wohl lerne und fromm sei, auf daß er auch in diesen Garten kommet. Aber er hat eine Tante, die muß er mitbringen.‹

Da sprach der Mann: ›Ja, es soll so sein, gehe hin und schreibe ihm das alles.‹

Darum, liebes Söhnlein Hänschen, lerne und bete und sage das alles Lippus und Jost, daß sie auch lernen und beten, so werdet ihr miteinander in diesen Garten kommen. Hiermit bist du dem allmächtigen Gott befohlen und grüße Muhme Lenen [die Tante] und gib ihr einen Kuß von mir.

Dein lieber Vater Martinus Luther.« VII 248 f.

Es ist überliefert, dass Doktor Martinus zu seinem Erstgeborenen besonders streng war. Zeigt uns dieser Briefinhalt nicht ergänzend dazu den liebevollen Vater Martin Luther?

***

Es war Ausgang des Winters 1527. Luthers Käthe stillte, wie es damals gang und gäbe war, noch immer ihren bereits zehn Monate alten Säugling Johannes, als sie bereits mit ihrem nächsten Kind schwanger ging. Martin Luther, als er davon mit Erstaunen erfuhr, kommentierte diese Duplizität der (freudigen) Ereignisse in gehobener Stimmung so: »Es ist schwer, zwei Gäste zu ernähren: den einen im Hause und den anderen vor der Tür.« XIII 187

Martin, Luthers zweiter Sohn, im November 1531 geboren, ist in erster Linie deshalb erwähnenswert, weil er als einziger der Lutherkinder – zumindest hinsichtlich des Theologiestudiums – in Vaters Fußspuren wandelte, sie dann aber verlor und niemals als Pfarrer tätig wurde. Er segnete schon als 34-Jähriger, ohne ein öffentliches Amt zu bekleiden, kinderlos das Zeitliche.

***

Mit Margarethe, dem 1534 geborenen jüngsten Kind der Luthers, hatte es seine besondere verwandtschaftliche Bewandtnis. Sie heiratete mit 20 Jahren den preußischen Edelmann Georg von Kunheim, zog mit ihm auf dessen ostpreußische Güter bei Königsberg, zeugte mit ihm neun Kinder, wovon aber nur drei das Kindesalter überlebten, davon zwei Töchter.

Die eine Tochter, Margarethe von Kunheim d. J., heiratete Hans von Saucken. »Ihr Sohn, Katharinas und Luthers Urenkel, wurde Kanzler von Preußen, und dessen Enkelin war Katharina von Tettau. Einer ihrer Nachkommen war Friedrich Wilhelm von Syburg, General bei Friedrich dem Großen, ein anderer, Ludwig Karl August von Wegnern, verheiratet mit Gräfin Hedwig zu Eulenburg, preußischer Kanzler in Königsberg.« XXXIX 158

Die andere Tochter, Dorothea von Kunheim, heiratete später einen gewissen Friedrich von Kittlitz. »Die Tochter dieses Paares führte die weibliche Linie Luthers wieder mit einer Tochter fort. Durch den Namen Wolter wurde so die direkte Abstammung von Martin Luther fortgesetzt und erhalten.« XXI 241

Paul, der im Januar 1533 geborene jüngste Sohn Luthers, legte mit seiner beruflichen Entwicklung für den Namen des Reformators die meiste Ehre ein. Er studierte Medizin, promovierte zum Dr. med., wurde mit 25 Jahren Professor an der Alma mater Jenensis und las an der Medizinischen Fakultät im Wintersemester 1558 über den berühmten römischen Arzt Galenus. Er wurde als kurfürstlicher Leibarzt an den Hof zu Gotha, dann nach Brandenburg, später von August I. nach Dresden berufen.

Prof. Dr. Paul Luther verteidigte trotz persönlicher Nachteile standhaft das Reformwerk seines Vaters, erforschte neue Arzneimittel (z. B. Salpetersalbe und trinkbares Gold) und war anerkannt wegen seiner »ausgezeichneten Frömmigkeit, Gelehrsamkeit und Tugend«. XIII 189 Aus der Heirat 1554 mit Anna von Warbeck gingen sechs Kinder hervor. Die Ehen der zwei Töchter blieben kinderlos. »Sein zweiter Sohn, Johann Ernst, Kanonikus und Senior des Domkapitels in Zeitz, hatte vier Töchter und vier Söhne. Der dritte Sohn Johann Martin, kursächsischer Rat und Vater von fünf Kindern, pflanzte die Familie durch seinen Jüngsten fort, aber die Nachkommen der männlichen Linie Luthers starben im Jahre 1759 mit Martin Gottlob Luther aus.« XXI 240

***

Martin Luther verkündete während einer Tischrede in den 30er-Jahren mit Blick auf die zölibatverhafteten Altgläubigen: »Ich bin reicher als alle papistischen Theologen in der ganzen Welt, denn ich lasse mir genügen. Überdies habe ich … [sechs] eheliche

Kinder; das hat kein papistischer Theologe.« XXXII B 93
Und wer wollte ihm diesen mitschwingenden privatreformatorischen Stolz verdenken.

Lehrer

Auch wenn Dr. Luther als Hochschullehrer seinen Studenten eine große Menge Theorie zu vermitteln hatte, so versäumte er es doch nicht – da er ja auch die Tagesaufgaben eines Predigers bestens kannte – den Seelsorgern in spe diesen und jenen Wink des Himmels mit auf ihren schweren Gang hinauf zur Kanzel zu geben: »Steig nauf, tu's Maul auf, hör bald wieder auf! Denn man kann den Leuten in einer Viertelstunde weit mehr predigen, als sie in zehn Jahren tun werden. Wenn du vernimmst, daß die Leute am liebsten und am emsigsten zuhören, so beschließe deine Predigt alsbald! So hast du auf eine andere Zeit wieder Zuhörer!« XIII 139

***

Als Professor für Bibelauslegung an der Universität zu Wittenberg lag Dr. Luther die theoretische wie praktische Priesterausbildung besonders am Herzen. Einmal war ein angehender Pfarrer während einer Probepredigt in seiner aufgeregten Konfusion scheinbar so von Gott verlassen, dass er nur noch den Satz: »Ich bin ein guter Hirte, ich bin ein guter Hirte!« mehrmals wiederholen konnte und sich die Gemeinde schon bald wie Schafe ohne Hirten vorkam. Luther nahm den Vikar – nachdem dieser das Katheder verlassen hatte – beiseite und sagte zu ihm, dass er wohl ein gutes Schaf, aber beleibe kein guter Hirte sei.

***

Martin Luther war nicht nur Kirchenreformator, er bemühte sich auch, ihn berührende weltliche Bereiche zu reformieren, beispielsweise das Bildungswesen, und da begann er dort, wo er seit 1508 ein und aus ging, bei der Universität. »Die Universitäten bedürften auch wohl einer guten, starken Reform«, meinte er, ohne es bei dieser allgemeinen Forderung zu belassen. Martin Luther begann bei sich selbst, bei seinem Hochschulunterricht: »Er bekannte Farbe, wenn er auf dem Katheder stand … Professoren, die sich an einer Stellungnahme vorbeidrückten, indem sie verschiedene Auffassungen kommentarlos nebeneinander stellten, nannte er Esel, Ochsen und Säue.« XXXVI 149

Professor Luther palaverte in seinem Unterricht nicht, sondern bereitete sich methodisch gründlich mittels vollständig ausgearbeiteter Manuskripte vor (z. B. für seine Römerbrief-Vorlesungen 1515/16), später reichten ihm dazu Stichwortzettel. Er verfuhr nicht wie die meisten seiner Kollegen nach dem didaktischen Prinzip: *Friss, Vogel oder stirb,* sondern berücksichtigte in seinen Vorlesungen, welche damals in Latein gehalten wurden, die oftmals ganz und gar löchrigen Vorkenntnisse seiner Studenten, indem er deutsche Worte, Sätze und ganze Passagen in ihrer Muttersprache vortrug.

Das spricht für die didaktisch-methodischen Fähigkeiten des Reformators. Wie aber möge er als Lehrerpersönlichkeit gewesen sein? War er ein Langweiler (nach dem Motto: *Wenn alles schläft und einer spricht, den Zustand nennt man Unterricht*) oder hatte er Charisma? Besaß er durch den Geist Gottes die Gabe besonderer Ausstrahlungskraft auf seine Zuhörer? Einer seiner Studenten, der

Lübecker Georg Benedicti, erinnerte sich an den vorlesenden Prof. Dr. Luther: »Er war ein Mann mittlerer Größe, mit einer Stimme, die Schärfe und Weichheit vereinte: weich war sie im Klang, scharf in der Aussprache der Silben, Worte und Absätze. Er sprach weder mit zu hastigem noch zu langsamem Atem, sondern in mittlerer Geschwindigkeit, ohne Stocken und sehr deutlich, in so geziemender Ordnung, als ob eins aus dem anderen flösse. Er legte das Einzelne nicht in langen Wortlabyrinthen aus, sondern bald die Einzelworte, bald die Absätze, so daß man sah: der Inhalt der Auslegung entsprang und floß aus dem Text selbst. Wenn ihn auch noch so grimmige Feinde des Evangeliums gehört hatten, so bekannten sie unter der Gewalt des Gehörten, daß sie keinen Menschen, sondern einen Geist vernommen hätten; er könne so staunenerregende Dinge nicht aus sich selbst lehren, sondern nur unter der Einwirkung eines guten oder eines bösen Geistes.« XXV 284

Naturfreund

Mit den Jahren hatte sich Martin Luther, auch unter dem zunehmenden Zwang seiner abnehmenden Gesundheit, etwas mehr Ruhe gegönnt, und da kam dem Mittfünfziger der Garten gerade recht, den er 1540 mit Förderung seines Kurfürsten Johann Friedrich (der dabei seinem Beinamen »der Großmütige« alle Ehre machte) erworben hatte. Luthers Käthe hegte und pflegte diesen Garten und auch einen zweiten, den er 1544 nordöstlich Wittenbergs bei der »Specke« (einem kleinen Wald) hinzugekauft hatte, mit Bienenfleiß. Sie baute verschiedene Gemüsearten für den großen heimischen Herd an (die Kartoffel kam erst 1588 aus Südamerika nach Deutschland, so dass der Reformator sie gar nicht mehr schätzen gelernt hatte), auch Obstbäume (Luther lobte besonders die Süßkirschen) gediehen, und ein Fischteich lieferte ebenso wie eine kleine Imkerei wohlfeile Produkte für Martin und Käthe, für ihre Kinderschar und die zahlreichen Gäste am Mittags- und Abendtisch.

Luther hat gelegentlich in seinen Gärten selbst Hand mit angelegt, soweit das seine begrenzte Zeit erlaubte. Er wollte das Bibelwort von Jesus nicht auf sich angewendet wissen: »Seht die Vögel unter dem Himmel an: Sie säen nicht, sie ernten nicht, sie sammeln nicht in die Scheunen; und euer himmlischer Vater nährt sie doch.« (Mt. 6,26) Stellvertretend auf ihres Gartens Erde hatte das vor allem seine Käthe übernommen. Martinus redete sie deshalb fortan mit dem Ehrentitel meine »Gärtnerin« an.

Martin Luther war also mit seiner »Gärtnerin« Käthe stolzer Gartenbesitzer. Heutzutage sagt man zu diesen Vorstadtanlagen Schrebergärten. Zu Luthers Zeiten gab es die noch nicht, denn der Leipziger Arzt und Pädagoge Daniel Gottlieb Moritz Schreber hatte sie erst Mitte des 19. Jahrhunderts als so genannte Schrebergärten ins Leben gerufen, um kranke Menschen auf natürliche Weise gesunden zu lassen, und genau das war 300 Jahre zuvor auch Luthers Hauptanliegen, wenn er sich mit Kind und Kegel in seine Gartenanlage (übrigens zu Fuß, denn das Fahrrad in heutiger Gestalt kam erst 1884 auf den Markt) begab.

Der Reformator fühlte sich wohl in seinem Gartenparadies und ergötzte sich in Gottes freier Natur an der Farbenpracht der »Sommerblumlein« sowie am Wachsen und Gedeihen um ihn herum. Luther wäre nicht Luther gewesen, wenn er darüber nicht auch reflektiert und Gott für solche natürlichen Wunder gedankt und gelobt hätte. »Denn wahrlich«, so staunte er, »wer kann das ausdenken, wie Gott das schafft aus dem dünnen Erdreich, so mancherlei Blümlein, so schöne Farben und lieblichen Geruch, die kein Maler noch Apotheker machen könnte ...« XLV 496

Die uralte Methode des Veredelns von Bäumen durch Okulieren kannte auch Luther. Da ihm aber gärtnerisches Fachwissen fehlte, blieb ihm die Sache ziemlich rätselhaft, denn »daß sich der ganze Stamm nach dem kleinen Zweiglein und Äuglein richtet, wo es doch einfacher wäre, daß das Zweiglein nach dem Stamme sich schickte«. XLV 497

Schließlich kam Gartenfreund Luther inmitten seiner Gartennatur zu einigen kritischen Überlegungen, ob denn Gott bei der Schöpfung der Lebewesen, also auch des Menschen, nicht hier und da ein wenig gepfuscht, und was er – Martin Luther – anders gemacht hätte, wenn er denn zu Rate gezogen worden wäre. Mit dem Anus scheint er noch ganz zufrieden gewesen zu sein, denn beim »Menschen hat er das Scheißhaus, die Cloace, in die Mitte gesetzt. Wenn ich Baumeister oder sein Ratgeber gewesen wäre, so hätte ich nur ein Auge gemacht an die Stirn, ein Ohr auf die Seite und die Nase auf die andere Seite. Aber Gott hat's anders gemacht, der kann aus Staub und Dreck die allerschönsten Leiber machen ...« Ebenda

Auch wenn Martin Luther nicht gleich überschwänglich von (s)einem »Garten Eden« schwärmte, so dankte er doch Gott, seinem Herrn und auch seiner »Gärtnerin«, die ihm dieses erholsame Gartenparadies auf Wittenbergs Erde ermöglicht hatten.

***

Aber es gab da auch manche Frucht in diesem Paradies, die war madig, und das wurmte Natur-, Garten- und vor allem Vogelfreund Luther außerordentlich. Vom nahen Wäldchen bei der Wittenberger »Specke« flatterten die Vögel seinem Garten in Scharen zu. Martin Luther wurde nicht müde, sie zu beobachten, und obwohl er die Sechzig schon seit einem Jahr überschritten hatte, ging das noch immer ohne Sehhilfe (die hat er übrigens zeitlebens nicht benötigt).

Schon bald kannte er sich mit den Lebensgewohnheiten seiner gefiederten Gäste aus wie ein Hobby-Ornithologe. Er erklärte seinem elfjährigen

Sohn Paul, der später Medizin studierte, wie Schwalben und Kuckuck sich fortpflanzen und stellte Fragen: »Wo essen sie im Winter? Sie essen ja nicht mit uns, sondern sind von uns, aber Gott nähret sie dennoch ...« Ebenda Sittiche und Papageien mochte er nicht, vermutete er doch, in ihnen stecke der Satan, weil sie die Menschenstimme so verteufelt ähnlich nachahmten. Chancenlos waren beim Naturfreund Luther die Sperlinge; sie würden das ganze Jahr über großen Schaden im Garten anrichten: im Lenz pickten sie die Samen aus dem Boden, im Sommer die Körner aus den Ähren und im Herbst die Trauben vom Weinstock. Wie immer, so sah er auch hier eine Möglichkeit, gegen die Missetäter vorzugehen: Von der Obrigkeit solle »ein Mandat ausgehen, dass man alle Sperlinge, Krähen und Elstern vertilgt(e), denn es sind unnütze Vögel.« XLV 498

Er wusste also zwischen Nützlingen und Schädlingen wohl zu unterscheiden. Einem so kundigen Vogelfreund musste es hart getroffen haben, als er eines Tages gewahr wurde, dass sein alter Diener Wolfgang Seberger bei seiner Vogelfängerei unterschiedslos vorging. Als Erziehungsmaßnahme ließ sich Luther etwas Originelles einfallen. Er verfasste eine »Klageschrift der Vögel an Lutherum über seinen Diener Wolfgang«.

Sie ist im Original erhalten und hat folgenden Wortlaut: »Unserem wohlgesonnenen Herrn Doktor Martin Luther, Prediger zu Wittenberg.

Wir Drosseln, Amseln, Finken, Hänflinge, Stieglitze samt andern braven, ehrbaren Vögeln, die in diesem Herbst über Wittenberg reisen wollen, lassen Eure Liebe wissen, daß, wie uns glaubhaft berichtet wird, einer, genannt Wolfgang Seberger, Euer Diener, sich eines großen, frevelhaften Übermuts unterstanden und einige alte, verdorbene Netze aus großem Zorn und Haß auf uns teuer gekauft habe, um damit einen Finkenherd einzurichten; und daß er nicht allein unseren lieben Freunden, den Finken, sondern auch uns allen die Freiheit, in der Luft zu fliegen und auf Erden Körnlein zu lesen, von Gott uns gegeben, zu wehren vornimmt; daß er zudem unserm Leib und Leben nachstellt, obwohl wir doch gegen ihn gar nichts verschuldet noch solch ernsten und tückischen Übermut um ihn verdient haben.

Weil denn alles, wie Ihr selbst könnt bedenken, uns armen, freien Vögeln (die ohnehin weder Scheune noch Häuser noch etwas darin haben) eine gefährliche und große Beschwerung ist, ist an Euch unsere demütige und freundliche Bitte; Ihr wollet Eurem Diener solchen Übermut verweisen oder, wenn das nicht sein kann, ihn doch dahin bringen, daß er uns des Abends zuvor Körner auf den Herd streue und morgens vor acht Uhr nicht aufstehe und zum Herd gehe. Dann wollen wir den Zug über Wittenberg hinnehmen. Wird er das nicht tun, sondern uns so frevelhaft nach unserm Leben stehen, dann wollen wir Gott bitten, daß er ihm wehre, so daß er am Tage auf dem Herd Frösche, Heuschrecken und Schnecken an unserer Statt fange und zur Nacht von Mäusen, Flöhen, Läusen, Wanzen angegriffen werde, damit er uns vergesse und den freien Flug uns nicht wehre. Warum gebraucht er solchen Zorn und Ernst nicht wider die Sperlinge, Schwalben, Elstern, Dohlen, Raben, Mäuse und Ratten, die Euch doch viel zuleide tun, stehlen und rauben und auch aus den Häusern Korn, Hafer, Malz, Gerste usw. wegtragen; was wir nicht tun, sondern nur das kleine Bröcklein und einzelne beiseite gefallene Körnlein suchen.

Wir gründen diese Sache auf unsere rechtmäßige Vernunft, ob uns von ihm nicht zu Unrecht so hart wird nachgestellt. Wir hoffen aber zu Gott, weil von unseren Brüdern und Freunden so viele im Herbst vor ihm bewahrt geblieben und ihm entflohen sind, wir werden auch seinen nichtsnutzigen und üblen Netzen, die wir gestern gesehen, entfliehen.

Gegeben in unserm himmlischen Sitz unter den Bäumen, unter unserm gewöhnlichen Siegel und Federn.« I 38/292 f.

Redner

In den meisten Lexika steht richtigerweise geschrieben, dass Martin Luther Reformator, Begründer des Protestantismus, Theologe, Universitätsprofessor, Bibelübersetzer und Schriftsteller gewesen ist. Aber nirgendwo ist zu lesen, dass eine Haupttätigkeit des Dr. Luther – neben dem Schreiben – das Sprechen gewesen ist, dass er gewissermaßen ein Berufsredner war.

Er gebrauchte seine geschulte Stimme nicht nur 1508/09 als philosophischer Lektor an der Universität Wittenberg und während seiner Romreise 1510/11 bei den Verhandlungen an der Kurie mit dem dortigen Ordensgeneral.

Der lehrreichen Stimme des Professors für Bibelauslegung an der Universität Wittenberg lauschten seit 1512 über 30 Jahre lang aufmerksam ungezählte Theologiestudenten.

Er lieh seine ausdrucksstarke Stimme dem Wort Gottes seit 1514 während seiner Sonntagspredigten in der Stadtkirche zu Wittenberg.

Er geißelte mit scharfer Stimme seit 1517 den Ablasshandel Papst Leo X., namentlich des besonders gerissenen Ablasspredigers Johann Tetzel.

Er bestritt mit hartnäckiger Stimme 1519 während der Leipziger Disputation die Unfehlbarkeit des Papstes.

Er widersetzte sich aber auch mit mahnender Stimme den revolutionären Forderungen und Handlungen Thomas Müntzers während des Bauernkrieges 1525.

So könnte man in Abwandlung eines Goethe-Wortes meinen: eine solche Stimme sei ein Geschenk des Himmels. Aber das stimmt nur bedingt. Martin Luther war mit seinem »Himmelsgeschenk« durchaus nicht zufrieden. Seinem Freund und Mitstreiter, dem Wittenberger Professor Philipp Melanchthon, schüttete er eines Tages sein Herz aus, dass er leider nur eine zu dünne Stimme habe. Darauf Melanchthon: »Aber sie ist klar und man hört sie landauf, landab!« XIII 98

***

Egal, ob Martin Luther als Professor vor seinen Studenten dozierend über theoretische Sachverhalte unterrichtete, ob er in Seminaren die künftigen Pastoren wirksam zu predigen befähigte, ob er einen Vortrag als Feier- und Festredner hielt, ob er seine Gegner bei Disputationen erfolgreich attackierte oder ob er in familiärer Situation bei seinen berühmt gewordenen Tischreden locker plauderte, berichtete, schilderte und erzählte – immer hielt er sich an Regeln, die er sich selbst und auch anderen gab: »Ein guter Redner soll diese Eigenschaften und Tugenden haben: Zum ersten, daß er einen fein richtig und ordentlich lehren könne. Zum zweiten soll er einen feinen [klugen] Kopf haben. Zum dritten wohl beredt sein. Zum vierten soll er eine gute Stimme haben. Zum fünften ein gutes Gedächtnis. Zum sechsten soll er wissen aufzuhören. Zum siebenten soll er seines Dinges gewiß und fleißig sein. Zum achten soll er Leib und Leben, Gut und Ehre dransetztzen. Zum neunten soll er sich von jedermann verspotten lassen.« II 110 f.

Aber er hat sich nicht nur zum Wie, sondern

auch zur Länge des Redens geäußert: »Eines guten Redners Amt oder Merkzeichen ist, daß er aufhöre, wenn man ihn am liebsten hört und meint, es werde erst kommen. Wenn man ihn aber mit Überdruß hört und das Ende der Rede erwartet, das ist ein böses Zeichen. … Wenn man sagt: ›Ich hätte wohl länger zuhören mögen‹, so ist's gut; wenn man aber sagt: ›Er war ins Schwätzen gekommen und konnte nimmermehr aufhören‹, so ist's ein böses Zeichen.« II 149

Seit einem halben Jahrtausend sind diese Ratschläge nun schon bei Dr. Lutherus nachzulesen, und trotzdem hat sie scheinbar so mancher Schön-, Fest-, Volks-, Sonntags-, Parlaments- oder Grabredner bis heute nicht zur Kenntnis genommen!

***

Die berühmten Tischreden hielt Martin Luther in den letzten 15 Jahren seines Lebens sowohl während des Mittagessens als auch zur Abendmahlzeit, die zwischen 17.00 und 18.00 Uhr bei den Luthers eingenommen wurde.

Das war schon eine vielgestaltige Tischgesellschaft, die da im Speisesaal des heutigen Lutherhauses, einem ehemaligen Augustinerkloster in Wittenberg, beisammen saß – manchmal bis zu 30 und 40 Mäuler. Sie gehörten Dr. Martinus und seinem Eheweib Katharina sowie den Früchten ihrer Liebe: Hans, Martin, Paul und Margarethe. Und die »Lutherin« unterhielt, wie es damals Usus war, einen Mittagstisch – die Burse – für Studenten und schwach besoldete Professoren der nahen Universität. Außerdem hatte Luthers Reformlehre bewirkt, dass immer mehr Mönche und Nonnen dem Klosterleben entflohen und vorübergehend beim Reformator gastfreundlich Asyl fanden – ganz zum Ärger des ihm feindlich gesinnten Herzogs Georg von Sachsen. Der hatte ihn in einer Depesche empört wissen lassen: »Du hast zu Wittenberg ein Asylum eingerichtet, daß alle Mönche und Nonnen ... bei Dir Zuflucht und Aufenthalt, als wäre Wittenberg – höflich zu reden – ein Ganerbenhaus [Nachfolgehaus] aller Abtrünnigen des Landes.« XXXIX 106 Zum Mittagstisch gesellten sich auch Wanderburschen von nah und fern sowie eine wachsende Schar von Lutheranern nicht nur aus den deutschen Landen, sondern auch aus England, Holland, Dänemark, Österreich der Schweiz und Ungarn.

Das waren Menschen aller Stände, Junge und Alte, Arme und Reiche, gelegentlich auch Fürsten. So hatte im Jahre 1542 ein gewisser Fürst Georg von Anhalt das unstillbare Bedürfnis, diesen viel gerühmten Kirchen- und Weltveränderer – noch dazu ganz in seiner Nähe – höchst persönlich kennen zu lernen. Er holte über einen Vertrauten, namens Georg Helt, Auskunft ein, ob es geraten sei, bei den Luthers Logis zu nehmen und erhielt schon bald diesen Bescheid: »Das Haus Luthers ist bewohnt von einem Durcheinander junger Studierender und Mädchen, von Witwen, Greisinnen und keuschen Knaben; deshalb ist viel Unruhe dort. Viele gute Männer sind wegen des hochwürdigen Vaters betrübt darüber. Wenn Luthers Geist in allen wäre, dann würde sein Haus Euch ein bequemes und angenehmes Unterkommen für einige Tage bieten können, damit ihr Euch zum Beispiel an seinen familiären [Tisch-]Reden ergötzen könntet. Aber wie jetzt Zustand und Lage seines Hauswesens ist, würde ich nicht raten, daselbst Quartier zu nehmen.« XXXVI 132 Sein Hochwohlgeboren verzichtete und hat so nie erfahren, wie gut ihm Luthers Tischreden getan hätten.

***

Es ging um Gott und die Welt in Luthers Tischreden, um theologische und kirchliche Fragen ebenso wie um die Alltäglichkeiten seiner Familie und der zahlreichen Gäste.

Seine Themen waren: Gott, die Bibel und der Glaube; Gottesdienst, Beichte und Gebet; Papst, Tod und Teufel; Fürsten, Reichtum und Armut; Schule, Lehrer und Schüler; Frau, Mann und Sexualität; Ehe, Familie und Kinder …

Und *wie* er redete, das war recht unterschiedlich, in der Regel themenbezogen.

Er sprach *mahnend*: »Im Volke Gottes soll keine Bettelei sein« und *belehrend*: »Beten heißt, Gott in Nöten anrufen!« Er sagte es *humorig*: »Wenn unser Herrgott keinen Spaß verstünde, so möchte ich nicht in den Himmel kommen« und *vulgär*: »Ich muß dem Arsch sein Regiment lassen.« Er redete *geradezu*: »Die Welt mißbraucht gleicherweise alle menschlichen und göttlichen Gaben« und *reimte* lyrisch:

»Schweig, leid, meid und vertrag,
deine Not niemand klag,
an Gott nicht verzag.
Dein Glück kommt alle Tag.«

Martin Luther musste auch nicht erst lange nach Worten suchen. Seine Gedanken sprühten Funken, einer Schmiede gleich. Er sprach zumeist im Monolog, als zusammenhängende Rede, manchmal auch im Dialog, alle einbeziehend, immer jedoch mit dem Herzen, voller Enthusiasmus. Und so war des Bibelprofessors Tischrunde wohl besser besucht, als heutzutage manche Gebetsstunde.

***

Am Anfang war das Wort, das Wort Luthers: seine Rede, seine beinahe kindliche Freude, sich seinen Freunden ohne Wenn und Aber mitzuteilen, sein Sprachtalent auszuprobieren beim Fabulieren, und dabei Gott und auch sich selbst den Menschen, die er liebte und die ihn liebten, nahe zu bringen. Er wollte Mittler sein zwischen Himmel und Erde und seinen Nächsten, die »mit Traurigkeit, Verzweiflung oder anderem Herzeleid geplagt« waren, »den Trost des göttlichen Wortes« spenden, selbst wenn er dabei »viele Worte redet(e), die nicht Gottes Wort« XLV 511 waren. So war Luther ein Prediger im besten Sinne des Wortes, der für seine Mission, mit dem Wort Gottes den Menschen zu dienen, keine Kanzel benötigte und sie doch überall fand, auch außerhalb des Gotteshauses und des Vorlesungssaales.

Was Wunder, dass da schon bald dieser und jener Zuhörer – anfangs zumeist Studenten – auf die pfiffige Idee gekommen waren, dieses kostbare Gedankengut nicht als Schall und Rauch der Vergessenheit anheim fallen zu lassen, sondern die von ihrem Bibelprofessor in einem deutsch-lateinischen Sprachgemisch gesprochenen Darlegungen auf Papier zu bannen. Anfangs geschah das sporadisch, stichwortartig und höchst lückenhaft. Bis dann ab Sommer 1531 der aus Österreich stammende, 51-

jährge evangelische Pfarrer Konrad Cordatus (er hatte in Luthers Familie für ein Jahr Asyl gefunden) als erster und mit offizieller Einwilligung des Hausherren begann, dessen Reden bei Tisch systematisch und zunehmend gekonnt mitzuschreiben.

In den Luther – auch für seine Tischreden – noch verbleibenden 15 Jahren hat es eine ganze Schar von Mitschreibern (zumeist versierte Theologen und die ersten Luther-Biographen) gegeben, deren Namen überliefert sind und dessen bekanntester Luthers Famulus Johannes Aurifaber war. Ihr Verdienst ist es, nicht nur die Tischreden des Reformators – für uns Heutige eine der Hauptquellen seines Gedankengutes – handschriftlich protokolliert, sondern diese Nachschriften auch gegenseitig ausgetauscht, ergänzt, überarbeitet und zu chronologischen Sammlungen nach Sachgebieten geordnet zu haben.

Johannes Aurifaber gab sie dann 1566 als erster heraus unter dem einprägsamen Originaltitel: »TISCHREDEN ODER COLLOQUIA DOCT. MARTIN LUTHERS, So er in vielen Jaren, gegen gelarten Leuten, auch fremdbden Gesten, und seinen Tischgesellen gefüret«. XLIX 721 Die von Aurifaber veröffentlichten Tischreden sollten dann über »drei Jahrhunderte hin eines der wirkungsvollsten Glaubens- und Erbauungsbücher der deutschsprachigen Evangelischen bleiben.« IV 254

Es bedurfte des wissenschaftlichen Lebenswerkes von Ernst Kroker, der ab 1903 die erste kritische Gesamtausgabe, einschließlich der bis dahin noch nicht veröffentlichten Tischreden, bearbeitete und für die Herausgabe zwischen 1912 und 1921 in einer sechsbändigen Sonderabteilung der Weimarer Gesamtausgabe von Luthers Werken vorbereitete.

»Was aber die *Tischreden* zu einer geradezu unschätzbaren Quelle für die Lutherforschung macht, ist nicht allein die Vielfalt der dort behandelten Themen, sondern in ganz besonderem Maße auch die Tatsache, dass es sich hierbei um spontane Äußerungen im vertrauten Freundeskreis handelt, bei denen sich der Reformator – wie etwa bei Urteilen über Zeitgenossen – keinerlei Zurückhaltung aufzuerlegen brauchte und offen seine Meinung kundgeben konnte.« XLIX 723

Die sechs umfangreichen Bände enthalten mehr als 7000 Tischreden. Das sind durchschnittlich 467 in jedem der 15 Jahre zwischen 1531 und 1546, also mindestens neun Tischreden pro Woche.

Reformation

Sucht man nach tieferen Gründen für Luthers Auseinandersetzungen mit dem Papsttum, so entdeckt man eine ganze Kette von Ursachen und Wirkungen, die jeweils auseinander hervorgingen und deren Kausalität letztlich zur Reformation führte.

Die ersten beiden Glieder dieser Kette waren zwei Päpste der römisch-katholischen Kirche.

Der eine wurde 1443 als Giuliano della Rovere geboren, war ein Freund der Wissenschaften und Künste, ein nicht religiöser Politiker, der als Kriegsherr eigene Truppen befehligte, von Papst Sixtus IV., dessen Neffe er war, zum Bischoff und Kardinal ernannt wurde und schließlich seit dem 50. Lebensjahr bis zu seinem Tod im Jahre 1513 selbst zehn Jahre als Papst Julius II. regierte. Dieser »Heilige Vater« war besonders baufreudig. Er beschloss nach zweijähriger Amtszeit den vollständigen Neubau der in der Vatikanstadt gelegenen Peterskirche. Weil dieses monumentale Werk (die Bauzeit betrug 122 Jahre) weitaus mehr kostete, als die römische Kurie auftreiben konnte, erfand Julius II. 1506 per Ausschreibung eine neue, gewinnversprechende Einnahmequelle, den so genannten Peterskirchen-Ablass. Wer gesündigt hatte – und Sünder gab es schon damals wie Sand am Meer im römisch-katholischen Abendland – konnte sich vom Übertreten göttlicher Gebote freikaufen und so dem Fegefeuer entgehen oder bereits zu Beginn, wenn er in ihm schon Qualen litt, wieder entkommen. Eine schier unversiegbare Geldquelle, aus der vor allem seine kirchenbauende »Heiligkeit« schöpfte, aber ebenfalls die Bischöfe im Lande, die weltlichen Landesherren und insbesondere auch solche Bankhäuser wie die Fugger erwucherten sich mit dem Ablass eine goldene Nase.

So war das seit langem Praxis und auch für den Kirchenmann Luther – irgendwo im verträumten Wittenberg – nicht sonderlich anstößig. In seiner Predigt am 31. Oktober 1514, dem Vortag des Ablassfestes der Schlosskirche, ließ er verlauten: »Ich stelle jedoch ausdrücklich fest: Die Absicht, die der Papst bei der Spendung von Ablässen im Auge hat, ist gut, wenigstens soweit sie aus dem Wortlaut der Ablaßbulle zu ersehen ist.« XXI 48 Schließlich heiligte der Zweck die(se) finanziellen Mittel.

Das zweite päpstliche »Kettenglied«, 1475 als Giovanni de' Medici geboren, wurde schon mit 13 Jahren zum Kardinal ernannt, war Kunstmäzen und Heerführer, aber nicht religiös, dafür umso macht-, prunk-, pracht- und herrschsüchtiger. Er wurde als Nachfolger Julius II. bereits mit 38 Jahren zum Papst Leo X. gewählt. Sein Pontifikat währte acht Jahre, bis ihn der Tod 1521 abberief. Dieser Pontifex maximus wurde während seiner kurzen Amtszeit für Martin Luthers Denken und Handeln in mehrfacher Hinsicht bedeutungsvoll – und das nicht nur, weil er 1521 über den Reformator den Kirchenbann verhängte. Leo X. erfand, noch immer offiziell begründet mit der Finanzierung des weiteren Aufbaus der Peterskirche zu Rom, die so genannten »Ablassbriefe« und damit den Ablasshandel, der als äußerer Anlass schließlich die Reformation verursachte.

Wie Aasgeier zogen die Ablasshändler im Auftrag der Kurie, also der päpstlichen Behörden, übers Land und saugten die Gutgläubigen monetär aus. Besonders schamlos trieb es in Luthers Wirkungsbereich der Dominikanermönch Johann Tetzel, den Erzbischof Albrecht mit einem Jahresgehalt von 12 mal 100 Gulden ausstaffiert hatte. Das entsprach dem Gegenwert von vier großen Wohnhäusern oder dem Achtfachen des Jahresgehaltes eines Wittenberger Professors oder dem Zehnfachen des Bürgermeistersalärs der großen Handelsstadt Leipzig.

Ein Vielfaches seines Salärs trieb dieser betrügerische Ablasshändler dann für seine Auftraggeber wieder ein. Das Prozedere war einfach: die Sünder beichteten und gegen Zahlung einer oftmals horrenden Summe wurde ihnen von den Tetzels ein Ablassbrief, der makaberer Weise auch für die Sünden längst Verstorbener erworben werden konnte, ausgehändigt. Damit waren sie von den Sündenstrafen – ohne für ihre Missetaten ehrlich Buße geleistet zu haben – freigesprochen. Ein solcher Ablassbrief galt fortan auch als Beichtbrief, den der Inhaber im erneuten Sündenfall nur bei seinem Beichtpriester vorzulegen brauchte, um von ihm – wiederum ohne echte Buße – von Strafen befreit zu werden. Damit war dann auch Martin Luther als Prediger und Beichtvater an der Stadtkirche zu Wittenberg zunehmend konfrontiert worden, wenn ihm seine Gemeindemitglieder diese frevelhaften Beichtbriefe unter die Nase hielten.

Und eben gegen diese ganz gottverhöhnende Praxis, gegen diesen himmelschreienden Missbrauch des Ablasses: *Gib Geld, dann musst du nicht Buße tun,* wandte sich der Professor für Bibelauslegung in zunehmenden Maße; er sei jedoch zu dieser Zeit, so der Theologieprofessor und Kirchenhistoriker Kurt Ahland, noch überzeugter Katholik, verhementer Sachwalter der römischen Kirche und des Papsttums gewesen. Trotzdem wohnten diesen scheinbar schicksalhaften Abläufen kausale Zusammenhänge inne.

Über den Ablassmissbrauch hatte sich Luther zunehmend mehr geärgert und war immer bärbeißiger geworden, noch aber nur intern, vor allem in seinen Gottesdiensten dagegen aufgetreten. Weil dem Beichtvater aber immer mehr seiner Schäfchen weg- und hin zu den gierigen Tetzels liefen, schrieb er empörte Bittbriefe an seine Bischöfe, sie mögen dieses wölfische Treiben unterbinden. Das blieb ergebnislos, denn sie wagten nicht, sich der Ablassbulle von Leo X. zu widersetzen. Weil Luther bei seinen Kirchenoberen kein Gehör fand, versuchte er den Stein des Anstoßes juristisch aus dem Weg räumen zu lassen: wieder vergebliche Liebesmüh.

Weil alle diese Duckmäuser es nicht gewagt hatten, der Kurie die Geschäfte zu vermasseln und zur wahren Buße im Sinne des Evangeliums zurückzukehren, handelte Dr. Martinus letztendlich nach der alten Volksweisheit: *Hilf dir selbst, so hilft dir Gott!* Er formulierte 95 lateinisch geschriebene Thesen wider den Missbrauch des Ablasses, forderte – wie es damals akademischer Brauch war – auf ihrer Grundlage zu einem wissenschaftlich-theologischen Streitgespräch auf und sandte sie, dabei den üblichen Dienstweg einhaltend, mit entsprechenden Begleitbriefen am 31. Oktober 1517 zur Begutachtung an die beiden für ihn verantwortlichen Bischöfe.

In dem im Original erhaltenen Brief an Erzbischof Albrecht schrieb Luther, noch immer moderat und ergeben:

»Es wird im Lande umhergeführt der päpstliche Ablaß unter Ew. Kurfürstlichen Gnaden Namen zum Bau von Sankt Peter. Ich will dabei gar nicht über der Ablaßprediger großes Geschrei Klage führen, das ich nicht gehört habe. Aber ich beklage die falsche Auffassung, die das arme, einfältige, grobe Volk daraus entnimmt und die jene Prediger allenthalben rühmen. Denn die unglücklichen Seelen glauben infolgedessen, wenn sie nur Ablaßbriefe lösten, seien sie ihrer Seligkeit sicher; weiter glauben sie, daß die Seelen ohne Verzug aus dem Fegefeuer fahren, sobald man für sie in den Kasten einlege; diese Ablaßgnade sei ferner so kräftig, daß keine Sünde so groß sein könne, daß sie nicht erlassen und vergeben werden könnte ... Hochwürdigster Bischof und durchlauchtigster Kurfürst! So bitte ich denn Euer Hochwürden, durch den Herrn Jesum Christum, doch die Sache Eurer väterlichen Sorge und Aufmerksamkeit zu würdigen, das genannte Büchlein völlig zu beseitigen und den Ablaßpredigern eine andere Predigerweise zu befehlen ... So es Ew. Hochwürden gefällig ist, könnt Ihr meine beiliegenden Streitsätze ansehen und daraus ersehen, wie ungewiß die Auffassung des Ablasses ist, obwohl die Ablaßprediger sich einbilden, sie wäre ganz ausgemacht.

Euer unwürdiger Sohn Martinus Luther,

Augustiner, Berufener Doktor der hl. Theologie.« XIV 87 f.

Die Reaktion auf beide Eingaben an die »Hochwürdigsten« Bischöfe gab Luther später so wieder:

»Alsbald schrieb ich zwei Briefe, den einen an den Mainzer Erzbischof Albrecht ... den anderen an den sogenannten Ordinarius loci, nämlich den Brandenburger Bischof Hieronymus, mit der Bitte, das schamlose Treiben und die lästerlichen Reden der Ablaßprediger zu unterbinden; aber man schenkte dem armseligen Mönch überhaupt keine Beachtung ...« XIV 88

Weil die Sorgen des Reformators von den Obrigkeiten missachtet und er selbst einer Antwort nicht für würdig befunden wurde (übrigens auch nicht seitens seiner akademischen Kollegen), schritten Luthers Mitstreiter zur Tat: sie übersetzten und druckten seine Thesen um die Jahreswende 1517/18 und verbreiteten sie binnen kurzer Zeit im deutschen Sprachraum, wo sie unter Christen und Nichtchristen, in Stadt und Land zu Luthers großem, beinahe erschrecktem Erstaunen begeistert aufgenommen wurden. Sie alle übten seit langem Kritik an der weltlichen Herrschaft des Papsttums, prangerten die kirchlichen Missstände an, verlangten eine Erneuerung der katholischen Kirche an »Haupt und Gliedern«.

Mit Luthers Thesenveröffentlichung hatte die von breitesten Volksschichten erhoffte Reformation in Deutschland begonnen. Vorangetrieben wurde sie durch seine drei reformatorischen Hauptschriften im Jahre 1520 (im August: »An den christlichen Adel deutscher Nation«; im Oktober: »Von der babylonischen Gefangenschaft der Kirche« und im November: »Von der Freiheit eines Christenmenschen.«). Darin nahm er eindeutig Stellung gegen die Rolle des Papsttums und betonte: »Ich erkläre frei und öffentlich, daß der wahre Antichrist in Gottes Tempel sitzt und daß die Römische Kurie eine Synagoge des Satans ist!« XXII 242

Damit vertiefte sich der Widerspruch zur römisch-katholischen Kirche weiter. Martin Luther hatte eine Bewegung ausgelöst, die das Christentum sowohl tiefgehend erneuerte als auch in die beiden großen Konfessionen spaltete, und die darüber hinaus epochale Veränderungen der deutschen Verhältnisse insgesamt bewirkte. Seine Hauptleistung – die Reformation – hatte er weder kühl berechnend und zielstrebig herbeigeführt noch war er zu ihr gekommen wie die Jungfrau zum Kinde.

Wie die hier beschriebene Kausalkette von Ursachen und Wirkungen zeigt, hatte der kleine Mönch, der Prediger und Bibelprofessor Dr. Martinus Luther, immer nur auf die von der mächtigen römischen Kurie verursachten Machenschaften und Maßnahmen mit wirksamen Gegenmaßnahmen reagiert. Genannter Kirchenhistoriker meint daher zu Recht: »Luther hat die Reformation nicht planmäßig vorbereitet und durchgeführt …, er ist in sie hineingerissen worden wie ein Pferd, dem die Augen geblendet seien …, hat er später einmal erklärt.« XV 823

***

Es gibt geradezu klassische Aussagen, die durch Überlieferung seit langer Zeit be- und anerkannt sind, so dass sie scheinbar keines Beweises mehr bedürfen. Erkenntnisse dieser Art werden von Generation zu Generation, von Autor zu Autor, von Lexikon zu Lexikon, von Schulbuch zu Schulbuch als nicht zu bezweifelndes, ehernes, unerschütterliches Wissen durch Fortschreiben weitergegeben. Eine solche scheinbar ewige Wahrheit ist der Satz:

Martin Luther hat seine 95 Thesen gegen den Missbrauch des Ablasshandels am 31. Oktober 1517 an die Tür der Wittenberger Schlosskirche angeschlagen.

In manchen Geschichtsbüchern steht es noch genauer: Der Bibelprofessor habe sich an diesem windigen Sonnabend vor Allerheiligen von seinem Domizil, dem »Schwarzen Kloster«, bedächtigen Schrittes zu dem nur 15 Minuten entfernten Gotteshaus begeben und dann während des Mittagsläutes das lateinisch geschriebene Thesen-Plakat in angemessener Höhe an der nördlichen Eingangstür mit einem Hammer eigenhändig sowie gut hör- und sichtbar angenagelt.

So weit, so gut – bis eines Tages gleich mehrere Gelehrte (so Prof. Dr. Iserloh und Prof. Dr. Steitz) von der Lutherforschung auf einige nahe liegende Fragen stießen: Hat Luther die Thesen tatsächlich angeschlagen? Gibt es Beweise für diese Behauptung oder ist das nur eine langlebige Ente? Hat sich der Reformator zu Lebzeiten selbst dazu geäußert? Wer aber sonst sollte eine solche Behauptung aufgestellt haben? Schließlich ging es hier nicht um irgendwelches Blabla, denn mit der Thesenveröffentlichung nahm die Reformation in Deutschland und weltweit ihren Lauf!

Es gilt als wissenschaftlich gesicherte Erkenntnis der Lutherforschung, dass der Reformator selbst in keiner seiner fast 800 Druckschriften geäußert hat, seine 95 Thesen an der Schlosskirche zu Wittenberg angeschlagen zu haben. Auch Zeitzeugen ließen sich nicht finden.

Aber woher sonst stammt diese Behauptung? Das ist mittlerweile geklärt. Es war kein Geringerer als Luthers Kollege und reformatorischer Mitstreiter, der bedeutende Gelehrte und Professor für griechische Sprache an der Universität Wittenberg, Philipp Melanchthon, welcher schon bald nach dem Ableben seines Freundes in der Vorrede zum zweiten Band der gesammelten Werke Luthers geschrieben hatte: »Luther, brennend vor Eifer für die rechte Frömmigkeit, gab Ablaßthesen heraus ... Diese hat er öffentlich an der Kirche in der Nähe des Wittenberger Schlosses am Vortage des Festes Allerheiligen 1517 angeschlagen.« XIV 81 Das war wohl die Initialzündung für alle Fortschreibungen durch die Jahrhunderte hindurch bis zu den mehr oder weniger unkritischen Publikationen unserer Tage.

Was aber spricht nun gegen die Hypothese des Thesenanschlages? Zunächst einmal die allen Menschen – also auch Gelehrten – anhaftende Eigenschaft des Sich-Irrens, von dem Goethe meinte: »Der Irrtum ist viel leichter zu erkennen, als die Wahrheit zu finden; jener liegt auf der Oberfläche, damit lässt sich wohl fertig werden; diese ruht in der Tiefe, danach zu forschen ist nicht jedermanns Sache.« XVIII 49 Und Melanchthon irrte sich in genannter Vorrede gleich mehrmals. Er behauptete beispielsweise, Professor Luther habe in Wittenberg Physik gelehrt, der Ablassprediger Tetzel hätte Luthers Thesen öffentlich den Flammen übergeben und – wie schon ausgeführt – der Reformator selbst habe die Thesen an der Kirchentür angenagelt. Solche Irrtümer werden verständlich, wenn man bedenkt, dass Melanchthon als 20-jähriger Magister noch in Tübingen lehrte und erst 1518 – also nach Luthers Thesenveröffentlichung – nach Wittenberg als Professor berufen wurde. Das veranlasste die Lutherforschung schon Mitte des 19. Jahrhunderts zu der tiefgründigen Feststellung, bei Melanchthons Vorrede handle es sich um ein Manuskript, welches »keinerlei urkundlichen Wert besitzt und nur soweit Glauben verdient, als seine Angaben durch andere Zeitgenossen bestätigt werden.« XIV 82

Gewissermaßen ein von Irrenden sanktionierter Irrtum. Auch wenn Goethe meinte, es sei nicht jedermanns Sache, in der Tiefe nach der Wahrheit zu graben, so wurde sie doch von forschenden Geistern beiderlei Konfessionen zu Tage gefördert.

Luther hatte sich nicht gegen den Ablass in der katholischen Kirche an sich gewandt, nicht gegen die vorherrschende Praxis, dass eine dem Sünder auferlegte Strafe nicht im Fegefeuer zu büßen war, sondern ihm durch Zahlung bestimmter Geldsummen erlassen wurde. Vielmehr protestierte er gegen die Geschäftemacherei mit dem Ablasshandel, gegen das Erkaufen der Seligkeit, ohne dabei vor allem Buße zu tun. Um darüber zu einem wissenschaftlichen Streitgespräch (Disputation) zu kommen, legte er seine handgeschriebene, also nicht gedruckte Auffassung, in den bekannten 95 Thesen (Lehr- und Leitsätzen) in lateinischer Schrift vor, übermittelte sie – auf dem Dienstweg – am 31. Oktober 1517 mit entsprechenden Briefen an den für ihn zuständigen Bischof Hieronimus von Brandenburg sowie den Erzbischof Albrecht von Magdeburg-Mainz »mit der Bitte, das schamlose Treiben und die lästerlichen Reden der Ablassprediger zu unterbinden.« Ebenda

In der ersten der beigelegten Thesen schrieb Luther: »Als unser Herr und Meister Jesus Christus sagte: ›Tut Buße‹, wollte er, dass das ganze Leben der Gläubigen eine Buße sei.« XIX 107

So hat also Luther selbst Weg und Ziel seiner Thesen bestätigt, nirgendwo aber findet sich ein Hinweis, er habe sie zwecks Veröffentlichung an der Tür (s)einer Kirche angeschlagen. Unter das Volk gelangten seine Thesen wider den Ablassmissbrauch erst im Januar 1518, als Mitstreiter von ihm sie druckten und – auch außerhalb von Wittenberg – verbreiteten. »Daß ein Professor der Wittenberger Universität eigenhändig Flugblätter an Kirchentüren nagelt, wäre dem durchaus auf ›law and order‹ [Gesetz und Ordnung] bedachten Martin niemals in den Sinn gekommen«, schreiben heutige Wahrheitsforscher. XX 210

Summa summarum zeigt sich: der Irrtum und die Wahrheit sind ein gar diabolisches Teufelspaar. Goethe meinte: »Sich von einem eigenen Irrtum loszumachen ist schwer, oft unmöglich, bei großem Geist und großen Talenten; wer aber einen fremden Irrtum aufnimmt und halsstarrig dabei verbleibt, zeugt von gar geringem Vermögen.« XVIII 49 f.

Schließlich meinte Luther zur Durchsetzungskraft der Wahrheit auch in dieser eigenen Sache: »Der Wein ist stark, der König stärker, die Weiber noch stärker, die Wahrheit am allerstärksten!« XVII 248

Mögen die Gelehrten sich streiten,
wie es mit Luthers Thesen gewesen sei –
ob Türanschlag oder Dienstweg –
für das große Werk der Reformation
bleibt das einerlei.

***

Eines Tages, es war zu Beginn des Jahres 1517, erschien bei Luther in der Schlosskirche ein Mann namens Markus Menner, der ihm einen Ablassbrief unter die Nase hielt, von Johann Tetzel eigenhändig unterzeichnet, mit dem er meinte, sich von einem Kapitalverbrechen freigekauft zu haben. Dr. Martinus traute seinen Augen nicht, als er las: »Wir tun kraft der uns verliehenen Gewalt durch diesen Brief kund und zu wissen, daß der M. Menner von dem von ihm verübten Totschlag freigesprochen ist. Wir befehlen allen und jedem einzelnen, kirchlichen Amtspersonen und Laien, daß niemand diesen M. Menner irgendwie wegen dieses Totschlages anklage, verurteile oder verdamme.« LVIII 52

Luther erkundigte sich bei Menner, wie viel er dafür in Tetzels Kasten geben musste und erfuhr, dass dem päpstlichen Ablassmönch ein Totschlag sieben Dukaten wert gewesen war. Nicht viel anders, das wusste er von ähnlichen Gesprächen, verhielt es sich mit den Bußgeldern für Ehebruch, Kindesmisshandlung, Hurerei, Wucherei, Betrug, Mord, Raub und ähnliche Sünden.

Seit Jahren drückten ihm seine Schäfchen solche Ablassbriefe die Hand. Er war schockiert. Immer wieder hatte sich der Bibelprofessor bei seinen kirchlichen und weltlichen Obrigkeiten beschwert und Abhilfe für diesen Ablasshandel gefordert.

Dr. Luther, der Beichtvater zu Wittenberg, war nicht der Mann, der beide Augen zudrückte, wenn sich die Sünder bei Tetzel (und seinen Mittätern) freikauften, anstatt – so wie bisher – ihrem Beichtvater ehrlichen Herzens Buße zu tun, damit Gott ihnen in Gnade vergebe. Wozu hatte er, so bekundete der 33-jährige Martin Luther, »ein junger frischgeschmiedeter Doktor, hitzig und eifrig in der Heiligen Schrift« (L III 54), all die Jahre Theologie studiert, sich vor 5 Jahren zum Dr. theol. promoviert und wozu war er zum Professor für Bibelauslegung an die Wittenberger Universität berufen worden, wenn nun jeder dahergelaufene Ablassbetrüger mehr zählen sollte als er.

Auf und ab gegangen war er, oben im Turmzimmer des »Schwarzen Klosters«, das ihm als Arbeitszimmer diente, hatte lange überlegt und war schließlich zu einem folgenschweren Schluss gekommen. Er griff zu Federkiel und Papier und formulierte in Latein, Satz für Satz in seiner schönen, fast kunstvollen Handschrift, Leitsätze wider den Ablass. Ende Oktober 1517 lagen die 95 Thesen fertig geschrieben vor ihm. Er nahm sie zur Hand und las sie noch einmal durch, auch den selbstbewussten Anfangssatz: »Aus Liebe zur Wahrheit und im Bestreben, sie an den Tag zu bringen, soll in Wittenberg über folgende Sätze disputiert werden unter Vorsitz des ehrwürdigen Vaters Martinus Luther, der freien Künste und der Theologie Magister auch ordentlichen Lehrer der Theologie daselbst.« VII 73

Später erinnerte er sich: »Als Tetzel nur noch schamloser fortfuhr, da habe ich die Thesen über den Ablaß veröffentlicht. Das hat die ganze Welt in Aufregung versetzt. Damals habe ich den Papst noch als meinen Herrn anerkannt. Ich meinte, ihm einen Gefallen zu tun, aber er hat mich mit aller Macht bekämpft.« VII 105

***

Die Ablasshändler überzogen wie Heuschreckenschwärme die deutschen Lande, auch das Herzogtum Sachsen. In Wittenberg hatte seit dem Spätsommer 1511 der Mönch, Prediger und Universitätsprofessor Martin Luther das »Schwarze Kloster« als sein Domizil bezogen.

Weshalb eigentlich – so hört man bis heute gelegentlich die Leute fragen – geriet Luther ausgerechnet mit diesem Tetzel so heftig aneinander?

Er selbst sagt es uns so: »Tetzel machte es so grob, daß man's mußte greifen, denn er schrieb und lehrete, daß der Ablaß des Papst's wäre die Versöhnung zwischen Gott und den Menschen. Zum anderen, daß der Ablaß gleichwohl kräftig wäre und gülte, da schon der Mensch weder Reue noch Leid hätte oder Buße tue. Ja, wenn einer gleich die Jungfrau Marie hätte geschwängert, so könnte er's ihm vergeben. Auch könnt' er die Sünde vergeben, die einer zukünftig willens wäre zu tun.« XXX 143 Dr. Luther war empört und zunehmend zornig. Wenn eine solche Auffassung von Buße und Vergebung Schule machte und immer mehr um sich griff, dann konnte er seinen Lehrauftrag für Bibelauslegung doch gleich zurückgeben. Aber er dachte selbst in seinen schlimmsten Heimsuchungen nicht daran zu kapitulieren. Schließlich gehörte es zu seinen Aufgaben als Distriktvikar weiter Teile Kursachsens, sich darum zu kümmern, was in den Dominikanerklöstern und Kirchen vor sich ging. Bei einer seiner Visitationsreisen im Sommer 1517 war ihm der Wortlaut einer Ablasspredigt dieses Dominikanermönchs Tetzel zu Augen gekommen, in der er erneut mit üblen Tricks und psychischem Druck für seine Ablasspraxis geworben hatte: »Sieh deine Mutter an!«, so hatte Tetzel gedroht, »wie sie von den Flammen des Fegefeuers gequält wird!

Und das leidet sie deinetwegen! Du könntest ihr ja mit einem Groschen zur Hilfe kommen! Ach, wehe über euch! Um eurer Undankbarkeit willen, daß ihr Gottes bluttriefende Gnade so verachtet, die doch so billig zu haben ist!« LVIII 54

Das war eindeutig. Luther gedachte dem Treiben dieses gewissenlosen Geldeintreibers nicht mehr länger tatenlos zuzusehen. Aber leibhaftig gesehen hatte er diesen Teufel in Mönchskutte noch nicht. Er beschloss, seine zahlreichen Visitationsreisen zu nutzen, um Näheres zu diesem Mönch zu erfahren.

Johann Tetzel wurde 1465 im sächsischen Pirna geboren, studierte in Leipzig Theologie, trat dort als 24-Jähriger in das Dominikanerkloster St. Pauli ein und durchtippelte von 1504 bis 1509 als talentierter Ablassprediger Sachsen, Schlesien, Schwaben, Elsaß und Franken – so wurde es Dr. Martinus von zuverlässigen Brüdern berichtet. Ein Hansdampf in allen Gassen der Geldeintreiberei und wohl auch Vielweiberei.

Ersteres war für Luther einleuchtend – aber was er da sonst noch zu Ohren bekam! Dieser rundliche, fast schon feiste Dominikanermönch, alles andere als ein Weiberschwarm, habe der Versuchung nicht widerstehen können und zwei uneheliche Kinder auf seinen Ablass-Tippel-Tappel-Touren hinterlassen. Die Liebschaft mit einer verheirateten Weggefährtin, bei der die beiden in flagranti ertappt worden seien, soll für Tetzel beinahe tödlich ausgegangen sein. Wäre ihm der Erzbischof Albrecht II. von Mainz, ein Nutznießer Tetzel'scher Ablassgelder, nicht zu Hilfe geeilt, wäre der Übeltäter im Main versenkt worden, denn er war laut Urteil bereits zum Tode durch

Ertränken verurteilt. Die in Rom waren nicht päpstlicher als der Papst, gaben Tetzel Ablass für seine Sünden, erhoben ihn gar zum Generalsubkommissar des Mainzer Erzbischofs für den Ablassverkauf.

Bevor sich der »General« in Richtung Magdeburger Kirchenprovinz mit seinem persönlichen Diener und weiteren Begleitern auf den Weg machte, hatte er sich bei seinem Auftraggeber eines fürstlichen Salärs versichert: Speise und Trank für sich und seine Gefolgsleute gratis, freies Gespann und 1000 Gulden in klingender Münze. Dafür hätte ein Professor der Wittenberger Universität acht Jahre und der Bürgermeister der großen Messestadt Leipzig gar zehn Jahre arbeiten müssen. Selbst Tetzels bediensteter Knecht Veit erhielt eine um 20 Prozent höhere Bezahlung als Leipzigs Stadtoberhaupt. Aber das war Kleingeld, waren Pimperlinge gegen das, was Tetzel den Kirchenoberen zurückzahlte, wenn er mit seinem Leitspruch: »Sobald der Gulden im Kasten klingt, im Hui die Seele in den Himmel springt« den Gläubigen anstatt ihrer ehrlichen Buße und Reue als Äquivalent eine entsprechende Geldsumme abgenommen hatte. Für das Geschäft: Fegefeuer gegen Barzahlung führte Tetzel, als er sich zu Ablasspredigten Anfang 1517 in Jüterbog, nahe Wittenberg, befand, auch die gültige Preisliste mit sich. Danach »kostete der Erlaß der Fegefeuerstrafe für: Kirchenraub 9 Dukaten, für einen Totschlag 7 Dukaten und für Hexerei 6 Dukaten. Wucherer, Räuber, Diebe und Schmuggler konnten dem lieben Gott eine Nase drehen, wenn sie einen Teil ihres unrechtmäßig erworbenen Gutes der Kirche übereigneten.« XXXVI 78

Dieser 52-jährige, redegewandte und ablasserfahrene Johann Tetzel – das musste man ihm lassen – war ein überaus gerissener und erfolgreicher Geschäftsmann. Nicht umsonst hatte ihn sein oberster Auftraggeber, Papst Leo X., im Mai 1518 (nur gut ein Jahr vor dem Tod des gewinnbringenden Ablasspredigers) zum Ehrendoktor der Theologie ernannt. Es hatte natürlich seine – mehr oder weniger guten – Gründe, dass dieses unscheinbare Männchen zum prominentesten Ablassprediger seiner Zeit avanciert war. Zuckerbrot und Peitsche hießen seine Mittel. Während er zu den zahlenden Sündern mit sanfter Zunge predigte, bedrohte er alle Nichtwilligen, ganz besonders seine Gegner – und dazu gehörte in zunehmenden Maße Dr. Martinus – auch mit dem schärfsten Mittel, der Inquisition. Wir wissen das verbürgt von Luthers Tischgenossen und erstem Biographen Johannes Mathesius, der schrieb: »Tetzel wurde … sehr zornig, wütete, schalt und fluchte greulich von der Kanzel und drohte mörderisch, ließ ein Feuer auf dem Marktplatz anzünden und wies damit darauf hin, daß er vom Papst Befehl hätte, die Ketzer, die dem Allerheiligsten, dem Papst und seinem Ablaß entgegenträten, zu verbrennen.« LVIII 53 Der Mann hatte auch da einschlägige Erfahrungen, war er doch seit 1509 im Auftrag der römischen Kurie jahrelang als Inquisitor in ganz Polen wirksam gewesen.

Martin Luther focht das nicht an. Er setzte dem Ablassbetrug Tetzels Ende Oktober 1517 seine 95 Thesen entgegen und Tetzel reagierte seinerseits bereits im Januar 1518 mit 109 bissig formulierten Gegenthesen, in denen er Luther auch der Ketzerei anklagte. Die kleinen und großen Päpste im Heiligen Römischen Reich hofften den ketzerischen Mönch von Wittenberg schon bald in seinem eigenen Nest brennen zu sehen. Luther antwortete mit seiner in Deutsch verfassten Schrift »Sermon von Ablass und Gnade«.

Tetzel schickte 300 gedruckte Exemplare seiner Gegenthesen nach Wittenberg. Luthers Studenten verbrannten – wider seinen Willen – die Pamphlete öffentlich und löschten ihren Brand anschließend mit reichlich Bier. Tetzel verfasste erneut 50 Thesen und ließ sie im Juni 1518 per Boten im »Schwarzen Kloster« abliefern. Darin bedrohte er Luther und dessen Kurfürst Friedrich den Weisen unverhohlen mit dem Scheiterhaufen und der Eröffnung des Inquisitionsverfahrens. Luther, der kämpfen und nicht schmoren wollte, nahm die Sache insofern ernst, als er wusste, dass Tetzels Hand von seiner Heiligkeit Leo X. geführt worden war.

Der Bibelprofessor blieb seiner Kampfmethode bei der Auseinandersetzung mit den Mächtigen in Rom treu. Er wählte als Geistlicher für seinen Antwortbrief auch diesmal die Waffen des Geistes: seine volksnahe, deutliche und bildhafte Sprache. Dabei schlug er den Sack und meinte den Esel:

»Ich empfehle seine leeren Scheltworte dem lieben Wind, der mehr Zeit für so etwas hat als ich … Er behandelt die Heilige Schrift wie die Sau einen Habersack … Er und seine Gesellen erdichten täglich neue Vorwände, um uns allen Beutel und Kasten leer zu machen und danach die Hölle auf – und den Himmel zuzuschließen. … So denn nun solche Ausleger die Schrift nicht wissen, Lateinisch und Deutsch nicht verstehen und darüber mich so überaus lästerlich schelten, muß mir zumute sein, als wenn mich ein grober Esel anschreiet.

Ich vermesse mich nicht, über die hohen Tannen zu fliegen, zweifle aber auch nicht, daß ich über solch dürres Gras kriechen kann.« XXXVIII 68

Schule

Die beiden deutschen Riesen an Denkvermögen, Martin Luther und Adam Ries(e), gehörten zu ein und derselben Generation; aber was hatten sie ansonsten miteinander zu tun?

Luther war schon 35 Jahre alt und hatte seine Elementarschulzeit bereits seit zwei Jahrzehnten hinter sich, als der andere Riese von sich reden machte. Der Rechenmeister brachte zwischen 1518 und 1522 seine beiden berühmt gewordenen Rechenbücher »Linienrechung« und »Ziffernrechnung« unter das staunende Volk. Sie waren nicht nur zum ersten Mal in deutscher Sprache, sondern vor allem mit methodisch verblüffender Originalität und damit für jedermann verständlich verfasst worden.

Für Ex-Schüler Martin aber kamen sie zu spät: er war inzwischen Professor für Bibelauslegung und hatte sich mit ganz anderen Problemen herumzuschlagen, vor allem mit den Folgen des Ablassstreits und seiner Kampfansage an das Papsttum. So kam es, dass der berühmte Reformator sein Leben lang nicht (oder genauer: nicht richtig) rechnen konnte.

***

Als der Enkel von dem, der das hier schreibt, im Konfirmationsunterricht davon erfuhr, dass der große Martin Luther nicht mal das kleine Einmaleins beherrschte, obwohl er doch den berühmten Kleinen und Großen Katechismus und noch mehr

Wichtiges geschrieben hatte, da staunte er nicht nur, sondern wollte es einfach nicht glauben. Ob es denn Beweise gäbe, wollte Enkel Gottfried von mir wissen. Ich musste ihm also – der Not gehorchend und nicht dem eigenen Triebe – einige auftischen, obwohl ich mich gern darum gedrückt hätte. So wies ich zunächst darauf hin, dass auch andere große Köpfe, der Philosoph Nietzsche zum Beispiel oder der Komponist Wagner, mit der ganzen Rechnerei nichts am Hut hatten und selbst Goethe bekannte: »Niemand kann zahlenscheuer sein als ich, und ich habe von jeher alle Zahlensymbolik, von der pythagoräischen an bis auf den letzten Mathematikomystiker, als etwas Gestaltloses und Untröstliches gemieden und geflohen.« XXI 18

Ob Martin Luther denn während seiner Schulzeit nicht im Fach Mathematik oder wenigstens im Rechnen unterrichtet worden sei, wollte Gottfried wissen. Ich verneinte und sagte, dass ihm weder in Mansfeld an der Trivialschule nach an der Domschule in Magdeburg und auch nicht an der ansonsten renommierten Pfarrschule St. Georg in Eisenach das Rechnen gelehrt worden war. Gottfried ließ nicht locker. Es wäre aber wohl möglich gewesen, dass der so gescheite Kirchenmann als Erwachsener versucht habe, doch noch das Rechnen richtig zu erlernen. Auch diese Frage musste ich ihm mit einem Kopfschütteln beantworten. »Ich bin zu kindisch für solche Weltsachen«, hatte Luther einmal geäußert und überhaupt sei die Rechnerei viel zu rational und stünde einem reinen gläubigen Herzen nur im Wege. Außerdem würde, wer rechnet, auch berechnend sein, seinen eigenen Vorteil suchen, und das wäre nicht im Sinne Gottes. Auch diese Erklärung reichte meinem Enkel offensichtlich noch nicht, denn er bohrte weiter und erwartete schließlich konkrete Beweise. Es ging ihm wohl wirklich nicht in den Kopf, dass so ein Riese an Denkkraft nicht richtig rechnen konnte.

Ich gab Gottfried Papier und Stift, und trug ihm auf, eine Zahlenreihe zu addieren. Er nannte mir schon bald die richtige Summe: 1650. Als ich ihm sagte, Martin Luther habe aber in seinem Ausgabenbuch 1744 ausgerechnet, wusste ich nicht, ob ich mehr Stolz oder Erstaunen von Gottfrieds Gesicht ablesen konnte. Ich nannte ihm weitere Beispiele, auch das der so genannten Türkensteuer, die damals in Wittenberg und auch bei Luther alles andere als beliebt war. In einem Gespräch äußerte Dr. Martinus: »Wollte ich ein Jahr lang an jedem Tag 1.000 Türken totschlagen, dann wären das 350.000.« Gottfried stutzte und sagte dann, da habe er sich doch aber um 15.000 glatt verrechnet.

An dieser Stelle schien mir die Bemerkung angebracht, dass Martin Luther also – eigentlich ganz folgerichtig – auch im praktischen Umgang mit Zahlen nichts Richtiges zustande gebracht hatte. Daraufhin einmal angesprochen, äußerte der Reformator resigniert: »Ich mag nimmer rechnen, es macht einen gar verdreht ...« XXI 16

***

Schnatterte da eine Ente durch deutsche Lande, der hochberühmte Reformator habe am Ende seiner Studienzeit als 28-Jähriger nur auf Pump seine Doktorandengebühr aufbringen können oder ist an dieser Überlieferung etwas dran?

Das bringt uns auf den Antwort suchenden Gedanken, wie denn Martin Luthers schulische Ausbildung – die immerhin fast ein Vierteljahrhundert dauerte – finanziert wurde. Es war vor allem Vater Hans Ludher (so die ursprüngliche Schreibweise), der sein Scherflein dazu beitrug. Der Vater, ein Bauernsohn aus dem südthüringischen Möhra, pachtete später in Mansfeld ein kleines Kupferunternehmen. Er hatte äußerst sparsam zu wirtschaften, um seinen Zinsverpflichtungen nachzukommen. Das gelang ihm durch enormen Fleiß zunehmend immer mehr, so dass er ein Vierteljahrhundert später selbst an mindestens acht Kupferschächten und drei Kupferhütten finanzieller Teilhaber und so auch schließlich zu einem kleinen, aber sehr wohl vermögenden Kapitalisten aufgestiegen war. Als er dann das Zeitliche segnete, hinterließ er seinen Erben nicht nur seine Anteile an zahlreichen Unternehmen, sondern auch ein Barvermögen von 12.500 Gulden, was wenigstens dem Wertbetrag von zwei Bauerngehöften entsprach. Summa summarum eine solide finanzielle Grundlage für die lang anhaltenden Schulbesuche Martins.

Ein Vierteljahrhundert dauerte der lange Weg der geistigen Reife und finanziellen Aufwendungen für Sohn Martinus durch seinen Erzeuger Hans: von 1488, dem Einritt in die städtische Schule zu Mansfeld bis 1512, da er an der Theologischen Fakultät der Universität Wittenberg zum »Doctor Biblicus« promovierte und zugleich die Professur für Bibelauslegung übernahm. Aber der alte Herr wusste seine Gulden bestens angelegt, wie selten zuvor ein Vater, auch wenn er ursprünglich beschlossen hatte, der hochintelligente Knabe möge die später gut bezahlte Jurisprudenz studieren. Und lange Zeit schien ja der Vater mit dieser Weitsicht durchaus Recht zu behalten, denn Martin Luthers erstes Salär als Universitätsprofessor war nicht nur gering, sondern völlig ausgeblieben.

Luther wurde 1511 endgültig nach Wittenberg versetzt, war dort Mitglied und Konventprediger im Orden der Augustiner-Einsiedler und lebte in diesem Kloster äußerst bescheiden. Er hatte nicht nur seine Priesterpflichten wahrzunehmen, sondern – ohne finanzielle Gegenleistung – auch den Lehrstuhl für biblische Theologie ab 1512 zu besetzen. Der junge Prof. Dr. Luther, 28-jährig, hatte nun zwar Ämter und Würden und jede Menge Arbeit, doch kaum Geld, denn für seine umfangreiche Tätigkeit als Professor erhielt er kein Gehalt und für sein Schaffen als Prediger an der Stadtkirche zu Wittenberg lediglich acht Gulden und zwölf Groschen jährlich.

Als er im gleichen Jahr Doktorhut und Doktorring überreicht bekommen hatte, konnte er nicht einmal die Doktorrandengebühr in Höhe von 50 Gulden bezahlen (obgleich die tatsächlichen Promotionskosten nur 27 Gulden und 20 Groschen betrugen). Die 50 Gulden erhielt er – mangels eigener Kasse – vom Kurfürsten Friedrich von Sachsen, seinem Landesherrn, geschenkt. Luthers formelle »Gegenleistung« war eine in deutscher Sprache geschriebene Quittung, zugleich das älteste von ihm erhaltene Schriftstück, mit diesem Wortlaut: »Ich, Martinus, Bruder (des) Einsiedler-Ordens zu Wittenberg, bekenne mit dieser meiner Handschrift, daß ich von wegen des Priors (Wenzelslaus Link) zu Wittenberg empfangen habe von dem gestrengen und festen Degenhart Pfeffinger und Johannes Dolzig, meines gnädigsten (Landes) Herrn Kämmerer fünfzig R(heinische) Gulden auf Sonnabend nach (Michaelis) … im Jahre des Herrn 1512« | 12/405

Selbstzeugnisse

Martin Luther war leise und laut, demütig und kämpferisch, er hat ausgeteilt und eingesteckt, andere angegriffen und sich selbst nicht geschont, und er hat sich offen und ehrlich über sich selbst, über sein Denken, Fühlen, Erleben und Handeln geäußert – Selbstzeugnisse: Luther über Luther also:

Ich bin eines Bauern Sohn. Mein Urgroßvater, Großvater und Vater sein rechte Bauern gewesen. Übrigens bin ich geboren zu Eisleben und ebendort zu Sankt Peter getauft. Meine Eltern waren aus der Gegend von Eisenach dorthin verzogen. Dort wohnt fast meine ganze Verwandtschaft, und ich bin bei ihnen wohlbekannt bis auf den heutigen Tag. Zudem bin ich zu Eisenach vier Jahre zur Schule gewesen ... Meine Studienjahre habe ich in dem Erfurter Kloster verbracht, bis ich nach Wittenberg kam.

Meine Eltern waren zuerst arme Leute. Mein Vater ist ein armer Häuer gewesen. Die Mutter hat all ihr Holz auf dem Rücken eingetragen, damit sie uns erzogen hat. Haben harte Arbeit ausgestanden, dergleichen die Welt jetzt nicht mehr ertrüge.

Meine Eltern haben mich so hart gehalten, daß ich darüber ganz verschüchtert wurde. Meine Mutter stäubte mich einmal wegen einer einzigen Nuss, daß mir dabei das Blut kam. Durch ihre strenge Erziehung trieben sie mich schließlich ins Kloster, wiewohl sie es herzlich gut mit mir meinten.

Daß ich aber ein Baccalaureus und Magister worden und das braune (Magister-)Barett abgelegt und andern Pracht und ein Mönch worden; habe ich nicht große Schande aufgetan, dieweil es mein Vater je übel gefiel, und bin danach dem Papst in die Haare gefallen, und er mir auch wahrlich wieder, hab eine ausgelaufene Nonne zum Weibe genommen. Wer hat das in den Sternen gelesen? Wer hätte mir das vorausgesagt?

Mit 20 Jahren hatte ich noch keine Bibel gelesen. Ich meinte, es gäbe keine Evangelien und Episteln, außer den sonntäglichen, alljährlich wiederkehrenden Postillen [Predigtbüchern].

Ich glaube einem jeden, darum kann man mich wohl bescheißen.

In häuslichen Dingen füge ich mich Käthe. Im übrigen regiert mich der heilige Geist.

Ich habe oft erfahren, dass eben dann, wenn ich einsam gewesen, in große, schwere Anfechtung, Verzweiflung usw. gefallen bin.

Ich esse, was ich mag und sterbe, wann Gott will.

An Delikatessen finde ich keinen Geschmack. Ich lobe mir eine reine, gute Hausspeis.

Ich gebe zu wissen, daß es mir wohl geht, ich fresse wie ein Böhme, und saufe wie ein Deutscher, das sei Gott gedankt, Amen.

Ich zech auch. Es soll mir aber nicht jedermann nachtun, denn es arbeitet auch nicht jeder so hart wie ich.

Es ist mir lieber, die Welt zürne mit mir, als mit Gott. Man wird mir ja nicht mehr als das Leben nehmen können.

Ich halte es für einen geringeren Schaden, all seinen Besitz zu verlieren, als einen getreuen Freund.

Es fließt mir das Herz über vor Dankbarkeit gegen die Musik, die mich so oft erquickt und aus größter Not errettet hat.

Ich habe Christus und den Papst aufeinander gehetzt und bin so zwischen Tür und Angel gekommen.

Ich bin kein Waidmann, der Wild jagt. Ich jage den Papst, Kardinal, Bischof, Domherrn und Mönch.

Ich regiere nicht gern, das liegt mir nicht.

Sehr und lange habe ich denen widerstanden, die meine Bücher – oder richtiger: das Wirrsal meiner nächtlichen Schreibereien – herausgegeben sehen wollten … Meine Bücher … sind ein rohes und ungeordnetes Chaos, wie es eben der Gang der Dinge – ungeordnet wie er war – mit sich brachte, ja mit sich bringen mußte. Ja, mir selbst würde es schwerfallen, sie jetzt in die richtige Ordnung zu bringen.

Aus diesem Grunde wünschte ich, alle meine Bücher wären auf immer vergessen und begraben, um besseren Platz zu machen. Aber arg zudringlich und hartnäckig lag man mir täglich in den Ohren: wenn ich zu meinen Lebzeiten eine Veröffentlichung nicht zuließe, würde sie doch nach meinem Tode ganz gewiß erfolgen, und dann von Leuten, die vom Verlauf der Ereignisse und deren Ursachen nicht das Geringste wüßten. Und so würden aus der einen Verwirrung viele andere folgen. Ihr Drängen (sage ich) hat mich dazu gebracht, daß ich in eine Veröffentlichung einwilligte …

Aber vor allem bitte ich den freundlichen Leser, ich bitte ihn um unseres Herrn Jesu Christi willen, dies nicht urteilslos, ja vielmehr mit Nachsicht zu lesen …

(Zusammengelesen aus: I 54/179 f.; VII 7, 229, 277, 517 ff. und XXIX 7–57)

Sexualität

Der Begriff Sexualität bzw. Sex, von uns Heutigen im Sinne von Verhaltensweisen und Erlebnissen gebraucht, die durch den Geschlechtstrieb hervorgebracht werden und mit dem Geschlechtsakt (Koitus) zusammenhängen, findet sich in der Sprache Martin Luthers so nicht. Das lässt nicht auf Prüderie schließen (da konnte Martinus sich schon ziemlich deutlich, manchmal auch deftig, wie der Mann auf der Straße ausdrücken), sondern ergab sich aus seinem Sprachgebrauch.

Er verwendete statt dessen sinnverwandte Wörter wie: Begierde, das Seine, Lust, wollen, Glut, eheliche Liebe, eins sein, sich samen wollen, Versuchungen und Anfechtungen des Fleisches, Brunst, Geschlechtlichkeit, Liebe, fleischliche Verbindung, Eheliebe, den Kitzel stillen u. a.

Das liest sich dann so: »Die Begierde kommt ohne besonderen Anlaß, wie Flöhe und Läuse; Liebe aber ist dann da, wenn wir anderen dienen wollen.« II 274

»Die höchste Gnade Gottes ist es, wenn in der Ehe die Liebe dauernd blüht. Die erste Liebe ist feurig, eine trunkene Liebe, mit der wir geblendet werden und wie die Trunkenen hinangehen. Wenn wir die Trunkenheit ausgeschlafen haben, dann bleibt in den Frommen die echte Eheliebe, die Gottlosen aber haben die Reue.« Ebenda

»In der Ehe kann keine Unkeuschheit sein wegen seiner Einsetzung, seiner Aufgabe und seiner Würde, denn das alles ist gut. Aber Unmäßigkeit [kann darin sein], daß einer das Seine zu viel braucht.« II 275

Dr. Lutherus ließ aber auch wissen, was Gott beim Geschlechtsverkehr lobt bzw. tadelt: »Der allmächtige, ewige, barmherzige, langmütige und fromme Gott liebt die Keuschheit, die Züchtigkeit und Sittsamkeit lobt er. Er hat die heilige Ehe eingesetzt und will sie auch erhalten, damit jeder sein Gefäß in Reinheit erhalte … und sich fernhalte von ausschweifenden Begierden« … Ebenda Und damit es erst gar nicht dazu komme, sondern Zucht herrsche in der Sexualität, predigte er jedem ins Ge-wissen: »Jeder soll in die Ehe treten, weil er um die Not und Sünde der Geschlechtlichkeit weiß.« XXXIX 128

»Die Liebe zwischen den Geschlechtern ist die allergrößte und lauterste Liebe. Über alles geht die eheliche Liebe.« Ebenda

Doch er schränkte auch ein: »Geschlechtsverkehr zu haben und sich zu samen und zu mehren, ist Gottes Schöpferwille und steht nicht in deiner Macht!« XXXIX 129

Besonders in seiner aufklärerischen Schrift »Vom ehelichen Leben« aus dem Jahre 1522 offenbarte er: Da Gott »Mann und Weib gemacht hatte, segnete er sie und sprach zu ihnen: ›Wachset und mehret euch.‹ Aus dem Spruch sind wir gewiß, daß Mann und Weib sollen und müssen zusammen, daß sie sich mehren … Es ist eine eingepflanzte Natur und Art, ebensowohl wie die Gliedmaßen [Geschlechtsorgane], die dazu gehören.« VII 228

Wir sind also gut beraten, Luthers Aussagen zur Sexualität in vielerlei Hinsicht zu bedenken.

***

Der berühmte deutsch-amerikanische Psychoanalytiker Erik H. Erikson – einer der Hauptrepräsentanten Freud'scher Tiefenpsychologie – schrieb 1958 in seiner psychoanalytischen Biographie »Der junge Luther« über dessen Sexualität während seiner Erfurter Klosterjahre von 1505–1511: Es »kann kein Zweifel bestehen, dass dieser erregbare junge Mann auch unter sexuellen Spannungen litt und dass er bei seiner Übergewissenhaftigkeit sexuelle Spannung mit Sünde gleichsetzte. Neurotische sexuelle Spannung kann jedoch nicht einfach auf natürliche Triebe zurückgeführt werden. Zweifellos ist es der männlichere und weniger neurotische Mann, der zeitweilige Enthaltsamkeit vertragen kann, ohne dass seine Potenz darunter leidet.« XXII 174

Martins Vater hatte – wohl auch in seiner ersten großen Enttäuschung, dass sein hoffnungsvoller Sohn, anstatt den Geld bringenden Juristenberuf zu erlernen, sich hinter sterile Klostermauern verschanzte – im Herbst 1505 vorausgesagt, dass er das zur sexuellen Enthaltsamkeit verpflichtende Zölibat des Mönchseins nicht aushalten würde. Wir werden sehen, ob oder wie der Mönch Martinus diese jahrelange sexuelle Durststrecke be-, durch- und überstand.

Er selbst wird später dem Vater über sein Mönchsleben in einem Brief berichten, der mit dem Satz beginnt: »Es ist jetzt fast 16 Jahre her, daß ich gegen Deinen Willen und ohne Dein Wissen Mönch wurde ...« XXXI 98 Dazwischen lag so manche Anfechtung und Versuchung, denn der Mittzwanziger Martinus war nicht nur Mönch, sondern zuallererst ein Mensch aus Fleisch und Blut, und weshalb sollte ausgerechnet auf ihn nicht die Sentenz des römischen Dichters Terenz zutreffen: »Ich bin ein Mensch, nichts Menschliches ist mir fremd,« (LIX 56), denn: »Es wäre mehr als merkwürdig, es wäre ein psychologisches Rätsel, wenn eine so temperamentvolle, urkräftige und überhaupt dynamisch so starke und schlagkräftige Persönlichkeit wie Luther unter den Faktoren, die zusammen seine zähe Vitalität und den mächtigen Biotonus schufen, nicht auch eine starke Triebkomponente als eine der bedeutendsten Triebkräfte seines Sinnes besäße. Ohne dies wäre er defekt, ja undenkbar«, so der dänische Mediziner und Psychiater Paul J. Reiter in seiner tiefgründigen psychoanalytischen Luther-Studie. XXVII 530

Folgen wir Reiter und anderen Biographen weiter – natürlich auch Luthers eigenen Aussagen – so sind sich, hinsichtlich seiner Sexualität als Mönch, »die Sachverständigen einig, daß irgendwelche Beziehungen Martins zu Frauen als höchst unwahrscheinlich gelten können. Luther bestritt sie entwaffnend und gab an, daß er während seines ganzen geistlichen Amtes nur drei Frauen die Beichte abgenommen habe.« XXII 175

Wie alles während seiner Klosterzeit, so nahm Martinus auch das Zölibat äußerst ernst. Wurde ihm dadurch die sexuelle Enthaltsamkeit, wie es sein Vater prophezeit hatte, zu einem unerträglichen Lebensproblem? Dafür gibt es keine Hinweise. Er selbst hatte im Nachhinein offen bekannt: »Als Mönch habe ich nicht viel geschlechtliche Gefühle gehabt. Pollutionen [unwillkürliche Samenergüsse im Schlaf] waren eine rein körperliche Angelegenheit« LIII 34, die notwendig seien und durch die sich seine fleischlichen Bedrängnisse vorübergehend von selbst lösten. Am Tage habe er zwar gegen solche »unreinen Gedanken«, wie er sagte, ankämpfen und sie vertreiben können, aber zu nachtschlafender Zeit hätten sie ihn um so heftiger überfallen, wie er in einer seiner Psalmenvorlesungen ab 1513 bekannte. Auch in seinen Römerbrief-Vorlesungen ab 1515 ließ er wissen, dass die sinnliche Begierde unüberwindlich, und er zu ihr verdammt sei, wenn er nicht durch Gott davon erlöst werde. Hinweise auf willentlich herbeigeführte Samenergüsse gibt es nicht.

Es finden sich übrigens in der ausgewerteten Literatur (siehe Quellenverzeichnis) auch keinerlei Hinweise auf Homosexualität in Luthers Umfeld und schon gar nicht bezogen auf den Mittzwanziger Mönch Martinus, auch nicht in dem profunden Werk des Kirchenhistorikers Denzler: »Die verbotene Lust. 2000 Jahre christliche Sexualmoral«. LX Homosexualität – heutzutage längst kein kirchliches Tabu-Thema mehr – wurde im Mittelalter nicht nur totgeschwiegen, sondern auch mit dem (Verbrennungs-)Tod bestraft und gehörte nach dem Alten Testament zu den vier »himmelschreienden Sünden«. Der ein Jahrhundert vor Martin Luther lebende französische Prediger und Theologe Gerson kam hinsichtlich der Verbreitung von Homosexualität unter Geistlichen zu dem Schluss: »Es gibt kaum welche, die im entsprechenden Alter nicht schrecklich und entsetzliche Sünden begehen, wenn sie nicht jung verheiratet sind.« LX 196

Zur Gabe der Keuschheit während seiner Klosterzeit schrieb Luther ein Vierteljahrhundert später: »Ich hab sie auch zwar gehabt, wiewohl viel böse Gedanken und Träume mit eingefallen sind. Äußerlich war ich fromm und keusch, inwendig aber war ich voll böser Brunst, welcher ich nicht entnommen war.« XXVII 532 f.

Auf den ihn doch heftig bedrängenden Geschlechtstrieb während seiner Klosterperiode kam er später immer wieder zurück. Martinus hatte begriffen, dass er eine ebenso elementare Naturgegebenheit ist wie Schlafen, Trinken und Essen. »So wenig man des Essens und Trinkens entbehren kann«, sagte er in einer Tischrede, so wenig sei es möglich, »sich von Weibern zu enthalten.« XXVII 534 Außerdem betonte er, dass es zwar auch Ausnahmen unter den Männern gäbe, »aber derselben sind wenig; unter tausend findet man kaum einen.« Ebenda

Gehörte denn nun Martinus zu den Ausnahmen oder sollte sein Vater am Ende doch Recht behalten?

***

Seit dem Ende der Erfurter Klosterzeit und dem Wartburgaufenthalt Luthers war ein knappes Jahrzehnt ins Wittenberger Land gegangen, angefüllt mit enormer Arbeit und überragenden Leistungen, die seinen (Welt-)Ruf als Reformator begründeten. Aber Martinus war noch immer ein Mönch, noch immer der Zölibatsforderung unterworfen, noch immer unbeweibt, noch immer unverheiratet.

Und nun hockte er in seinen beiden Wartburg-Kemenaten, abgeschieden von allem, was bisher sein bewegtes Leben ausmachte, zwar nicht von Gott, aber von der Welt verlassen. Allein mit sich selbst, mit den fortgesetzt heftigsten Teufeleien, mit seinen kirchen- und weltverändernden Gedanken, aber auch mit seinen erotischen Träumen sowie fleischlichen Anfechtungen und Begierden. Er schrie seine Nöte leise hinaus in Briefen. In einem gestand er seinem Freund Philipp Melanchthon: »Ich brenne durch das große Feuer meines ungezähmten Fleisches. Ich, der ich brünstig sein sollte im Geist, bin brünstig im Fleisch, Geilheit, Faulheit, Müßiggang und Schlafsucht. Ich weiß nicht, ob Gott sich von mir gewandt hat, weil Ihr nicht für mich betet. Es sind nun acht Tage, daß ich nichts schreibe und nicht bete, auch nicht studiere, sondern teils von Versuchungen des Fleisches, teils durch anderen Verdruß geplagt bin. Ich kann das Übel weiter nicht ertragen und wollte lieber zehn große Wunden ausstehen als das, was man für eine kleine Not erachtet … Lieber, betet alle für mich, denn ich werde in Sünden versenkt in dieser Einsamkeit.« XXXVII 246 Und einem anderen Freund vertraute er an: »Glaubt, daß ich in dieser müßigen Einsamkeit tausend Teufeln vorgeworfen bin. Ich falle oft, aber die rechte Hand des Herrn richtet mich wieder auf.« Ebenda

Martinus verfasste im November 1521 seine Schrift »Über das Klostergelübde« und nahm, als Quintessenz aus seiner eigenen leidvollen Erfahrung, eindeutig gegen das Keuschheitsgelübde Stellung, gegen den »verdammten Stand der Ehelosigkeit. So viel Schreckliches tritt mir täglich in dem elenden Zölibat der jungen Männer und Frauen entgegen, daß meinen Ohren nichts widerwärtiger ist als der Name Nonne, Mönch und Priester.« Ebenda

So sollte Luthers Vater mit seiner Weissagung also Recht behalten haben, denn – so resümiert Reiter –: »trotz seines ehrlichen Willens und bedeutender Willensstärke besteht kein Zweifel, dass er [Martinus] in seinen inneren Kämpfen in der Klosterzeit erkennen musste, dass der Trieb für ihn übermächtig und unüberwindlich war.« XXVII 542

***

Martin Luther hielt sich in seinem streng geheim gehaltenen Exil auf der Wartburg bei Eisenach von Mai 1521 bis März 1522 inkognito als »Junker Jörg« auf. Nur der für ihn direkt zuständige Burghauptmann Hans von Berlepsch, ein Vertrauter des sächsischen Kurfürsten, war eingeweiht in die Geheimnisse dieses eigenartigen Fremden im Rittergewand mit dem dunklen Bart, da oben in den beiden Stübchen der Vogtei, durch eine Zugbrücke von der Außenwelt getrennt.

In dieser eremitischen Abgeschiedenheit quälten den knapp 40-Jährigen, mehr noch als draußen im Alltagsgetriebe, die teuflischen Anfechtungen, sein männlicher Naturtrieb, die Versuchungen des Fleisches, die ihn stark an seine Erfurter Klosterzeit erinnerten. Hatte er darüber in seiner drängenden Pein nicht doch gelegentlich – von Mann zu Mann – mit seiner über Monate hinweg einzigen Bezugsperson, Hans von Berlepsch, gesprochen? Durch die dicken Mauern der Burg drang jedenfalls nichts nach draußen. Unzweifelhaft aber ist: »Die größte Pein verursachen ihm jedoch die erzwungenen Abstinenzen, deren Beschwernisse ihm auf der Wartburg plötzlich mit einer Wucht überfallen, die ihm bis dahin unbekannt geblieben ist, und die Luther das mönchische Leben endgültig in ein verabscheuungswürdiges Dasein, in das ›selbstmörderische Zölibat‹ verwandeln.« XXXVII 245

Das Personal auf der Wartburg war männlichen Geschlechts; Frauen suchte man vergebens. Um so erstaunter wird sicherlich auch der Leser dieser Zeilen sein, was Dr. Martinus aus seinem einsamen Leben als »Junker Jörg« später bei einer seiner Tischreden zum Besten gab:

»Nun kam Hans von Berlepschs Frau gen Eisenach und hatte gerochen, daß ich auf dem Schloß wäre, und sie hätte mich gern gesehen; es konnte aber nicht sein. Da brachten sie mich in ein anderes Gemach und hatten dieselbige Frau von Berlepsch in meine Kammer gelegt. Da hat's die Nacht über ein solch Gerumpel in der Kammer gehabt, daß sie gemeint hätte, es wären tausend Teufel drinnen. Aber das ist die beste Kunst, ihn zu vertreiben, wenn man Christum anruft und den Teufel verachtet; das kann er nicht leiden. Man muß zu ihm sagen: ›Bist du ein Herr über Christum, so sei es!‹ Denn also sagte ich auch zu Eisenach.« XXXI 89

Je nachdem, was man nun in diese Worte hineinlegt oder herausliest, handelt es sich hier um eine wahre Geschichte, eine sagenhafte Legende oder um eine legendäre Sage.

***

Genau betrachtet hatte Prof. Dr. Luther einen Nebenjob als *Ehe- und Sexualberater*, zwar nicht offiziell, denn noch existierte eine solche Einrichtung gar nicht, und trotzdem praktizierte er sie schon: bei seinen Vorlesungen an der Universität, als Priester, Seelsorger und Prediger in der Wittenberger Kirche, als Distriktsvikar über elf kursächsische Augustinerklöster, als Verfasser reformistischer Schriften (z. B. 1519: »Ein Sermon vom ehelichen Stand«, 1522: »Vom ehelichen Leben«, 1523: »Von den Mönchsgelübden«, 1524: »Von Ehesachen«)

und als Privatperson bei seinen Tischreden zu Hause.

Aber, das darf hier nicht verschwiegen werden, der Bibelprofessor hatte sich in diese Berater-Rolle nicht gedrängt und hätte es viel lieber gesehen, die Menschen hätten sich mit diesen weltlichen Fragen an die weltliche Obrigkeit gewandt, doch die hatte die Antworten nicht – oder wollte sie nicht haben.

Die einfachen Menschen aus dem Volk – Gläubige wie Nichtgläubige – und auch hochgestellte Herrschaften, wandten sich hoffnungs- und vertrauensvoll an jenen Mann, der neue (Ehe-)Wege zu gehen predigte. Und die Geister und die neuen Fragen, die er damit rief, wurde er dann nicht wieder los; es sei denn, er beantwortete sie, und so geschah es dann auch.

Immer wieder fragten Mönche und Nonnen, die vor Gott das Keuschheitsgelübde geleistet hatten, was es denn für sie bedeute, wenn sie wider das Zölibat handelten. Er antwortete ihnen: »Zölibat, das ist der ehelose Stand, das heisst nicht Frauen lieben, sondern Unzucht und Schande an den Frauen lieben und suchen, und sie nicht wie Frauen, sondern wie Huren halten und achten, dass sie hinfort niemand lieb noch wert haben mag.« XXIX 14 Und außerdem: »Wo unwillige Keuschheit ist, da läßt die Natur ihr Werk nicht. Daß ich es grob heraus sage um der elenden Not willen: fließt es nicht in das Fleisch, so fließt es in's Hemd.« Ebenda

Es gab auch bis dato ganz ungewohnte Fragen zu den Geschlechtsbeziehungen in und außerhalb der Ehe. Ein junger Mann, der noch in einer der Wittenberger Katen bei seinen Eltern hauste, fragte den Doktor, was er gegen die allzu heiße Liebesglut seiner Verlobten tun könne. Er erhielt diese Antwort: »Man kann mit einer jungen Metze nicht besser verfahren, man mache ihr ein Kind, so vergehen ihr die vielen Gedanken, denn die Weiber, die stillende Kinder haben, sind die fröhlichsten Frauen.« XXIX 18

Ein Theologiestudent fragte ihn, ob er ihm nicht ein Mittel gegen die Liebeslust, die ihn fast täglich plage, empfehlen könne. »Da soll man fasten, beten, arbeiten, daß man die Lust dämpfe und unterdrücke«, (XXXIX 87) empfahl der Professor. Ob's geholfen hat? Wir wissen es nicht; doch es darf bezweifelt werden.

Deutlicher waren seine diesbezüglichen Antworten hinsichtlich der Sexualität in der Ehe: »Das ist der Grund und ganz das Wesen der Ehe, daß sich einer dem anderen hingibt …, seine Lust an dem anderen« findet, aber »Sinne, Herz und Geschlecht müssen zusammenstimmen.« XXXIX 134 Außerdem, so Dr. Luther: »Es ist ein nötig natürlich Ding, daß alles, was ein Mann ist, muss ein Weib haben und was ein Weib ist, muss einen Mann haben. Und wo man das will verwehren, da ist's doch nicht zu wehren, und geht seinen Weg durch Hurerei, Ehebruch und stumme Sünde.« XXIX 16

Aber manchmal gehe es auch mit dem Teufel zu zwischen den beiden Eheleuten, hatte die Lutherin seine Rede bei Tisch unterbrochen. Er erwiderte: »Daß zuweilen im Ehestand Zank und Hader vorfällt, das ist die Schwachheit und Bosheit unserer verderbten Natur; da kommt dann der Teufel und wirft in den Weg Haß und Neid, Verdacht, Argwohn, böse Lüste auf beiden Seiten, daß Eins dem Andern gram wird, verdächtigt und begehrt eine Andere.« Ebenda

Natürlich waren die intimen Eisen, welche damals Fragende wie Antwortende anfassten, unterschiedlich heiß. Das ging von einer relativ lauwarmen Sache wie das unzüchtige Tanzen der beiden Geschlechter auf Wittenbergs Amüsierdielen, dem es – wie Luther bedauerte – an »Zucht und Ehren« fehle, bis zu einem so heißen Eisen wie den sexuellen Unstimmigkeiten zwischen Männlein und Weiblein. Sein Rat war auch hier gefragt: Was, wenn der Ehemann möchte, sie aber nicht will oder kann. Was dann? – »Man findet wohl ein halsstarriges Weib, das seinen Kopf aufsetzt, und sollte der Mann zehn Mal in Unkeuschheit fallen, so fragt sie nichts danach. Hier ist's Zeit, dass der Mann sage: ›Willst Du nicht, so will eine andere, will Frau nicht, so komm die Magd.‹« XXXV 465 Darüber rümpf(t)en die Moralisten ihre heuchlerische Nase. Hätten sie sich nur besser bei ihm informiert!

Luther hat verschiedentlich und immer wieder gegen die Fremdgeherei gewettert, wenn er auch bereit war, bei seinen Geschlechtsgenossen schon mal ein Auge zuzudrücken. Leiblicher Ehebruch ist, so meinte er, »wenn ein Weib im öffentlichen Ehebruch ergriffen wird. Das ist scheußlich und wird dennoch als Ehre gerechnet. Denn es ist eine Sünde gegen Gott, gegen den heiligen Geist, gegen Land- und Hausregiment, denn eine Ehebrecherin bringt einen fremden Erben ins Haus und betrügt den Mann.« II 273

Es gab Stimmen, die verlangten als Sühne das alte biblische Strafmaß der Steinigung. Luther empfahl, gemäßigter gegen Ehebrecher vorzugehen. Es sollten »das weltlich Schwert und Obrigkeit die Ehebrecher töten«. XXVII 540 Als wesentlich milderes

Mittel forderte er die Scheidung (wohl wissend, dass man schon damals Gefahr gelaufen wäre, mit der »Schwert«-Methode die halbe Bevölkerung auszurotten!).

Es gab natürlich auch die Konstellation, dass sie im Bett mehr erwartete, als er wollte oder konnte. Dazu hatte es Missverständnisse gegeben, wie Luthers Stellungnahme beweist: »Sie haben mir Schuld gegeben, ich soll gelehrt haben, wenn ein Mann seinem Weib nicht genug des Kitzels stillen könnt, soll sie zu einem anderen laufen. Ich hab aber also gesagt: Wenn ein tüchtig Weib zur Ehe einen untüchtigen Mann bekäme und könnte doch keinen anderen öffentlich nehmen und wollte auch nicht gern gegen die Ehre tun ..., solle sie zu ihrem Mann also sagen: ›Siehe, lieber Mann, du kannst mich nicht befriedigen und hast mich um meinen jungen Leib betrogen und dazu mich in Gefahr der Ehre und der Seelen Seligkeit gebracht, und ist vor Gott keine Ehe zwischen uns beiden, vergönne mir, dass ich mit deinem Bruder oder nächsten Freund eine heimliche Ehe habe und du den Namen habest, auf dass dein Gut nicht an fremde Erben komme, und lass dich also deinerseits williglich betrügen durch mich, wie du mich ohne meinen Willen betrogen hast!‹ Ich habe weiter gesagt, dass der Mann schuldig ist, darein einzuwilligen, um ihr die eheliche Pflicht und Kinder zu verschaffen. Will er das nicht tun, soll sie heimlich von ihm laufen in ein anderes Land und daselbst freien.« XXIX 15

***

Wie sah es denn nun mit der Sexualität des Ehepaares Luther selbst aus?

Martin und Käthe haben sechs Kinder miteinander gezeugt. Das bezeugt, dass sie ihren Ehepflichten sowie der alten Forderung: *Liebet und mehret Euch!* vorbildlich nachgekommen waren. Es scheint so, als habe Luther gemeint: Punktum!, denn er hat – entgegen seiner sonstigen Gewohnheit – sich nur wenig über Sexualität in seiner eigenen Ehe geäußert.

Auch die Luthers folgten dem damaligen Brauch und schliefen gemeinsam in einem Ehebett. »Das erste Jahr der Ehe macht einem seltsame Gedanken …; beim Erwachen im Bett sieht er ein paar Zöpfe neben sich liegen, die er früher nicht sah.« XXXII B 92

Die Umstellung der beiden vom Zölibat auf sexuelle Ehefreuden war wohl nicht ganz einfach, denn: »Ich lag oft meiner Käthen an der Seite, und ist sie auch eine liebenswerte Frau, tritt mir doch derweil der Angstschweiß aus.« XXIX 21 Die näheren Gründe dafür verriet er nicht, ließ uns aber wissen: »Ich bin nicht liebestoll, noch brenne ich, aber ich liebe meine Frau.« XXIX 19 Und: »Ich schlaf oft mit einer schönen Frau im Bett, bei meiner Käthe.« Ebenda

Das Liebesspiel im Bett hatte er – im Gegensatz zu seiner früheren Auffassung als Beichtvater – im Laufe der ehelichen Sexualität als natürlich und normal praktiziert, wenngleich er sich dazu nur zurückhaltend äußerte: »Mit der Frau, mit der mich Gott verbunden hat, ist es erlaubt zu scherzen [kosen], zu spielen und schmeichelnd zu reden …« LIV 235

***

Selbstverständlich war auch bei den Luthers nicht alles eitel Sonnenschein im Doppelbett, wie ein wahrer Dialog zwischen ihnen über sexuelle Treue in ihrer Ehe beweist:

Martin: »Es wird noch dahin kommen, daß sich ein Mann mehr Weiber wird nehmen.«

Käthe: »Das glaub der Teufel.«

Martin: »Ursache ist, Käthe, daß ein Weib in einem Jahr nur ein Kind tragen kann, aber der Ehemann kann mehrere zeugen.«

Käthe: »Paulus sagte: Jeder habe seine eigene Frau.«

Martin: »Seine eigene, aber nicht eine eigene, so steht es bei Paulus.«

So ging das noch eine zeitlang hin und her, bis die Lutherin endlich die Geduld verlor und mit Bestimmtheit sagte: »Ehe ich das gestatte, gehe ich lieber ins Kloster zurück und lasse euch und alle Kinder allein.« XXVII 542

Wie man weiß, hat Katharina Luther den Weg zurück ins Kloster nie angetreten.

Sprichwörter

Martin Luther schätzte als Prediger, Hochschullehrer und Schriftsteller das *Sprichwort* – diesen besonders gewürzten Satz, in dem in Kurzform eine Volks- und Lebensweisheit aufgehoben ist – als Stilmittel besonders hoch, um seine Predigten, Vorlesungen und Buchtexte lebendig, bildhaft, symbolisch, gleichnishaft, anschaulich und leicht verständlich zu gestalten.

Er regte an, »daß jetzt in deutscher Sprache die Fabeln und Sprüche, die bei uns im Brauch sind, gesammelt und ordentlich in ein Buch gefaßt werden sollten.« XXI 191 Offensichtlich ging das nicht so recht voran, weshalb er nach dem Sprichwort verfuhr *Selbst ist der Mann*, wie ein aufgefundenes Sachverzeichnis mit 489 sprichwörtlichen Redensarten belegt, das von Luther eigenhändig in seiner schönen Schrift auf Blättern im Oktavformat (25 cm Höhe) wohl zwischen 1520 und 1530 verfasst worden war.

Vor allem die Bibel, das antike Schrifttum, das Volk, dem er genau »aufs Maul schaute« und sein eigenes sprachschöpferisches Talent, das waren die Quellen, aus denen der Bibelprofessor schöpfte. Aus welcher Quelle die hier nur in einer Auswahl (II, IV, VII, IX, XI, XVI, XXI, XXIV, XXXI) gebrachten Sprichwörter sprudelten, ist exakt nicht mehr belegbar; nachweisbar aber ist, dass sie allesamt über Luthers Zunge – besonders während seiner Tischreden – oder über seinen Federkiel zu uns gekommen sind:

Viel Hände machen leicht Arbeit.

*

Gute Meister fehlen auch.

*

Wes das Herz voll ist, des gehet der Mund über.

*

Wer bei den Wölfen sein will,
muss mit ihnen heulen.

*

Der Geist ist stark, aber das Fleisch ist schwach.

*

Zittern hilft nicht vor dem Tod.

*

Was dich nicht brennt, das lösche nicht.

*

Wer flieht, den jagt man.

*

Armut wehe tut.

*

Wer den andern jagt, wird auch müde.

*

Eine Lüge ist wie ein Schneeball,
je länger man ihn wälzt, desto größer wird er.

*

Hüte dich vor den Katzen,
die vorne lecken und hinten kratzen.

*

Hunde, die sehr bellen, beißen nicht.

*

Gut Ding will Weile haben.

*

Wer lügt, muß ein gutes Gedächtnis haben.

*

Wenig soll man mit Liebe teilen.

Glaube nicht alles, was du hörst;
sage nicht alles, was du weißt;
tue nicht alles, was du magst.

*

Jung gewohnt, alt getan.

*

Älter werd' ich, ein Narr bleib ich.

*

Eine Henne scharrt mehr weg,
als ein Hahn zusammenscharrt.

*

Liebe und Not meistern alle Gebot.

*

Unrecht Gut gedeihet nicht.

*

Ein willig Roß soll man nicht zu sehr treiben.

*

Was nicht dein ist, das laß liegen.

*

Früh aufstehen und jung freien,
soll niemand reuen.

*

Eine Krähe hackt der andern kein Auge aus.

*

Aller Gesetze Ende ist die Liebe.

*

Stille Wasser sind tief.

*

Wer eher kommt, mahlt eher.

*

Jeder Abel hat seinen Kain.

*

Hohe Schwüre zeigen tiefe Lügen an.

*

Frauen soll man loben, es sei wahr oder gelogen.

*

Guter Rat kommt nie zu spät.

*

Es ist besser kurz gesund,
als lange ungesund zu leben.

*

Wenn die Herzen getrennt sind,
gehen die Hände auch auseinander.

*

Der Sprecher und das Wort sind zwei Personen.

*

Red' was wahr ist, iß was gar ist,
trink was klar ist.

*

Was die Kinder sehen, das wollen sie haben.

*

Untreue ist auch Dieberei.

*

Das Paradies ist überall.

*

Wer den Schaden hat,
braucht für den Spott nicht zu sorgen.

*

Untreue und Geiz gedeihen nicht.

*

Wenn das Ende gut ist, ist alles gut.

*

Wer einen Pfennig nicht achtet,
wird keiner Gulden Herr.

*

Alter schützt nicht vor Torheit.

*

Den Frieden kauft man nie zu teuer.

Je größer die Gewalt, um so größer das Unglück.

*

Kleine Kinder, kleine Sorgen;
große Kinder, große Sorgen.

*

Aus den Augen, aus dem Herzen.

*

Man biegt's so lange, bis es bricht.

*

Es krümmt sich bald, was ein Haken werden will.

*

Eine allzugroße Macht
stürzt durch ihre eigene Masse.

*

Die Kunst geht nach Brot.

*

Die Gelehrten, die Verkehrten.

*

Je weniger Worte, um so besser das Gebet.

*

Der Mensch kann nicht immer arbeiten,
er muß auch seine Ruhe haben.

*

Der Bauch hat keine Ohren.

*

Was du nicht heben kannst, das laß liegen!

*

Der erste Zorn ist der beste.

*

Man sollte bauen, als wollte man ewig leben.
Man sollte leben, als sollte man morgen sterben.

*

Das Gewissen soll niemandem unterworfen sein.

*

Sich freuen ist nichts Böses.

*

Der Mund, der lügt, der tötet die Seele.

*

Man soll nicht den Löffel aufheben,
wenn man dabei die Schüssel zertritt.

*

Ändern ist leicht, bessern ist schwierig.

*

Weisheit gilt mehr als Waffen.

*

Aus leerer Tasche ist bös Geld zählen.

*

Gedanken sind zollfrei.

*

Der Fürsten Gnade ist wie Aprilwetter.

*

Die Geizigen haben keinen Gewinn
von ihrem Geld.

*

Eine offenbare Lüge ist keine Antwort wert.

*

Wer an einem Weg baut, findet viele Ratgeber.

*

Gute Werke haben keinen Namen.

*

Großer Leute Kinder geraten selten gut.

*

Hunger ist der beste Koch.

*

Das Werk lobt sich selber.

*

Glaube an Gott und hilf deinem Nächsten!

*

Bei schlechtem Gewissen fürchtet man sich auch
vor einem raschelndem Bett.

*

Ein Vater soll sein Kind strafen wie ein Richter,
lehren wie ein Doktor und
ihm predigen wie ein Pfarrer.

*

Perlen vor die Säue werfen

*

Den Staub von den Füßen schütteln

*

Lasst euer Licht leuchten!

*

Man muß dem Volk auf's Maul schauen.

*

Weiber Regiment nimmt selten ein gut End.

In nicht zu überbietender Kürze und Prägnanz wird uns hier Luthers Denkweise und Moral vor Augen geführt, ja mehr noch: »Diese Sprichwörter sind der Spiegel der Denkart einer Nation«, so sein Theologie-Kollege und Dichter Gottfried Herder.

Martin Luther selbst meinte, man könne Sprüche wohl widerlegen, aber nicht er- und niederlegen. Und da sie auch nach 500 Jahren nicht gestorben sind, leben die Luther-Sprichwörter noch heute.

Steuern

Wenn Martin Luther nicht mittellos war, wie sah es dann mit seinen Steuerverpflichtungen aus, möge sich heute mancher im Stillen fragen.

Es galt zwar allgemein das geflügelte Jesuswort aus der Bibel: *Gib dem Kaiser, was des Kaisers ist* oder auch des Kurfürsten; aber zu Luthers Zeit war die Steuerlast eigentlich gar keine. In Wittenberg betrug die ortsübliche Stadtsteuer auf Grundbesitz lediglich 0,015 Prozent. Aber der Reformator selbst war dank seines Kurfürsten von der Steuer gänzlich befreit, denn der »weise« Herrscher hatte das Vermögen des berühmten Mannes wohl steuerlich veranlagen lassen, den fälligen Betrag aber aus seiner Privatschatulle entrichtet. Luther jedoch lehnte das, trotz seines permanenten Bargeldmangels, ab und blieb auch hier seinen eigenen Predigerworten treu, wie sein Brief vom 26. März 1542 an den Kurfürsten beweist: »Das große Klosterhaus, wenn ich auch wollte, ich kann es nicht in seinem Wert schätzen, denn ich bezweifle vollständig, daß nach meinem Tode meine Käthe und die Kinder es erhalten können. Schon zu meinen Lebzeiten kann ich es mit Dachdecken, Glas und Eisen kaum erhalten. Und dabei ist ein Drittel noch gar nicht ausgebaut. Und das beste daran ist, daß Euer kurfürstliche Gnaden laut der Überschreibung das Vorkaufsrecht daran haben. Außerdem höre ich und glaube es gerne, daß, wenn es diese Zeit so weiter geht, das Haus und Collegium zugeschüttet würde im Rahmen der Befestigungsbauten. Deswegen habe ich mir gedacht, meiner Käthe und den Kindern das anliegende Grundstück, Brunos Haus, zu kaufen. Das habe ich für 420 Gulden getan, um es dann auszubauen. Allerdings habe ich erst 120 Gulden angezahlt, die ich mir selbst borgen mußte. Bewogen dazu hat mich eine Abzahlungsfrist von zehn Jahren. Davon kann ich eigentlich keine Steuer bezahlen, weil ich nicht davon habe und weil es eitel Schulden sind.

Aber für die anderen Güter möchte ich Euer kurfürstlich Gnaden untertänig gebeten haben, die Steuer von mir anzunehmen: Nämlich den Garten für 500 Gulden, die Hufe (10 ha) mit dem Garten für 90 Gulden und ein kleines Gärtchen für 20 Gulden. Und der Grund dafür ist, daß ich gerne mit sein wollte in dem Heer gegen die Türken mit meinem armen Pfennig, neben anderen, die es willig geben. Denn Unwillige gibt es ja genug, dazu wäre ich ein Beispiel und die scheelen Augen müßten nicht so neidvoll blicken, weil Doktor Martinus auch zahlen müßte.« I 10/19 f.

Wo ist der Mann, der heute in einem Schreiben seinen Finanzminister bittet, mehr Steuern zahlen zu dürfen, als ihm auferlegt wurden?

Zeugnisse

Begeben wir uns nun fast zum Schluss auf eine Zeitreise, um großen Köpfen der zurückliegenden fünf Jahrhunderte in fiktiven Gesprächen Fragen zu Martin Luther aufzutischen, die wir Menschen des 21. Jahrhundert schon immer einmal loswerden wollten.

Bei dieser Gelegenheit erfahren wir die authentischen Meinungen solcher Berühmtheiten wie Katharina Luther, Philipp Melanchthon, Erasmus von Rotterdam, Gotthold Ephraim Lessing, Johann Gottfried Herder, Johann Wolfgang von Goethe, Ernst Moritz Arndt und Heinrich Heine über den Stern 1. Ordnung, der am Himmel des ausgehenden Mittelalters aufgegangen war und heute noch immer leuchtet.

Frau LUTHERIN, *20 Jahre lebten Sie an der Seite Ihres berühmten Ehemannes. Was empfinden Sie, wenige Tage nur, nachdem er von Ihnen gegangen ist?*

»Wer wollte nicht billig betrübt und bekümmert sein um einen solchen teuern Mann, als mein lieber Herr gewesen ist, der nicht allein einer Stadt oder einem einzigen Land, sondern der ganzen Welt gedienet hat. Derhalben ich wahrlich so sehr betrübt bin, daß ich mein großes Herzeleid keinem Menschen sagen kann, und weiß nicht, wie mir zu Sinn und zu Mut ist. Ich kann weder essen noch trinken, auch dazu nicht schlafen. Und wenn ich hätt' ein Fürstentum oder Kaisertum gehabt, sollt' mir so leid nimmer geschehen sein, so ich's verloren hätt', als nun unser lieber Herrgott mir, und nicht allein mir, sondern der ganzen Welt, diesen lieben und teuern Mann genommen hat. Wenn ich (Katharina des Herrn Doctor Martinus Luther gelassene Witfrau) daran gedenk; so kann ich vor Leid und Weinen – das Gott wohl weiß – weder reden noch schreiben.« XXXIX 145 f.

Herr Professor MELANCHTHON, *Sie hatten als Martin Luthers vorzüglicher Freund die Ehre, am 22. Februar 1546 in der Schlosskirche zu Wittenberg ihm die Grabrede zu halten. Welche letzten Worte gaben Sie ihm da mit auf die weite Reise?*

»Jeder, der ihn genauer gekannt hat und oft in seiner Nähe gewesen ist, muß bezeugen, daß er ein sehr gütiger Mann war, im Verkehr mit anderen in allen Reden milde, freundlich und sanft und gar nicht frech, stürmisch, eigensinnig oder zänkisch. Und doch lag gleichzeitig Ernst und Festigkeit in seinen Worten und Gebärden, wie es einem solchen Mann zukommt. Daher ist es offenkundig, daß die Härte, die er gegen Feinde der reinen Lehre anwandte, nicht auf ein zänkisches und boshaftes Gemüt zurückzuführen war, sondern auf ein großes, ernstes Streben nach Wahrheit.« XVII 247

ERASMUS *von Rotterdam, Sie fühlten sich dem reformatorischen Werk Luthers in besonderer Weise verbunden. Weshalb hatte sich denn Doktor Martinus das Papsttum zu seinem Todfeind gemacht?*

»Luther hat in zwei Stücken ›gefehlt‹; nämlich, daß er dem Papste an die Krone und den Mönchen an die Bäuche gegriffen hat.« VII 558

Stimmt es, Herr LESSING, *dass Sie den Martin Luther in besonderer Weise verehren?*

»Lutherus steht bei mir in einer solchen Verehrung, daß es mir – alles wohl überlegt – recht lieb ist, einige kleine Mängel an ihm entdeckt zu haben, weil ich in der Tat der Gefahr sonst nahe war, ihn zu vergöttern. Die Spuren der Menschheit (Menschlichkeit), die ich an ihm finde, sind mir so kostbar wie die blendendste seiner Vollkommenheiten. Sie sind sogar für mich lehrreicher, als alle diese zusammengenommen.« VII 607

Herr Generalsuperintendent HERDER, *Sie haben in Ihren »Briefen zur Beförderung der Humanität« Martin Luther quasi in den Himmel gehoben. Welche Gründe gab es dafür?*

»Luther war ein patriotischer, großer Mann. Als Lehrer der deutschen Nation, ja als Mitreformer des ganzen jetzt aufgeklärten Europa, ist er längst anerkannt; auch Völker, die seine Religionssätze nicht annehmen, genießen seiner Reformation Früchte. Er griff den geistlichen Despotismus, der alles freie, gesunde Denken aufhebt oder untergräbt, als ein wahrer Herkules an und gab ganzen Völkern ... den Gebrauch der Vernunft wieder. Die Macht seiner Sprache und seines biederen Geistes vereinte sich mit den Wissenschaften, die von und mit ihm auflebten, vergesellschaftete sich mit den Bemühungen der besten Köpfe in allen Ständen, die zum Teil sehr verschieden von ihm dachten.« XLVI 235 f.

Würden Sie uns das bitte an konkreten Beispielen erläutern?

»Es bildete sich zuerst ein populäres literarisches

Publikum in Deutschland und in den angrenzenden Ländern. Jetzt las, was sonst nie gelesen hatte; es lernte lesen, was sonst nicht lesen konnte. Schulen und Akademien wurden gestiftet, deutsche geistliche Lieder gesungen und in deutscher Sprache häufiger als sonst gepredigt. Das Volk bekam die Bibel, wenigstens den Katechismus in die Hände ...« XLVI 236

Was empfehlen Sie zu tun, Herr Herder?

»Laßet uns Luthers Denkart, selbst seine deutlichen Winke, und die von ihm eben so stark wie naiv gesagten Weisheiten, für unsere Zeit nutzen und anwenden! Ich habe mir aus seinen Schriften eine ziemliche Anzahl Sprüche und Lehren angemerkt, in denen er (wie er sich selbst mehrmals nannte) als Ecclesiastes [Verkörperung des Neuen Testaments] als Prediger und Lehrer der deutschen Nation darstellt.« Ebenda

Herr Geheimrat GOETHE, *Sie nannten in einem Gespräch mit Ihrem Sekretär Eckermann den Martin Luther nicht nur ein Genie, sondern ein Genie besonderer Art. Wie ist das zu verstehen?*

»Was ist ein Genie anders als jene produktive Kraft, wodurch Taten entstehen, die vor Gott und der Natur sich zeigen können, und die eben deswegen Folge haben und von Dauer sind.« XLVII 579 f.

Weshalb aber ein »Genie besonderer Art«, wie Sie betonten?

»Luther war ein Genie sehr bedeutender Art; er wirkt nun schon manchen guten Tag, und die Zahl der Tage, wo er in fernen Jahrhunderten aufhören wird, produktiv zu sein, ist nicht abzusehen.« XLVII 580

»Um Epoche in der Welt zu machen, dazu gehören bekanntlich zwei Dinge: erstens, daß man ein guter Kopf sei und zweitens, daß man eine große Erbschaft tue ... Luther erbte die Finsternis der Pfaffen ...« XLVII 100

Und was erben wir von Luther?

»Wir wissen gar nicht, was wir Luthern und der Reformation im allgemeinen alles zu danken haben. Wir sind frei geworden von den Fesseln geistiger Borniertheit, wir sind infolge unserer fortwachsenden Kultur fähig geworden, zur Quelle zurückzukehren und das Christentum in seiner Reinheit zu fassen. Wir haben den Mut, mit festen Füßen auf Gottes Erde zu stehen und uns in unserer gottbegabten Menschennatur zu fühlen.« XLVII 666

»Luther arbeitete, uns von der geistlichen Knechtschaft zu befreien. Möchten doch alle seine Nachfolger soviel Abscheu vor der Hierarchie behalten haben, als der große Mann empfand.« XLVI 249

Wie haben wir das zu verstehen, Herr Geheimrat?

»Er arbeitete sich durch verjährte Vorurteile durch und schied das Göttliche vom Menschlichen, so viel ein Mensch scheiden kann; und was noch mehr war, er gab dem Herzen seine Freiheit wieder und machte es der Liebe fähiger.« Ebenda

»Wenn wir trachten, daß Gesinnung, Wort, Gegenstand und Tat immer möglichst als Eins erhalten werde, so dürfen wir uns für echte Nachfolger Luthers ansehen; eines Mannes, der in diesem Sinne so Großes wirkte und – auch irrend – noch immer ehrwürdig bleibt.« XLVI 253

Schwingt da in Ihren Worten, Herr Doktor Goethe, auch Kritik an Luthers Herangehensweise mit?

»Wie bequem macht sich's nicht Luther durch seinen Teufel, den er überall bei der Hand hat, die wichtigsten Phänomene der allgemeinen und besonders der menschlichen Natur auf eine oberflächliche und barbarische Weise zu erklären und zu beseitigen; und doch ist und bleibt er, der er war: außerordentlich für seine und künftige Zeiten.« XLVIII 554

Sie denken da sicherlich auch an jene Großtat, die Luther für die Herausbildung einer einheitlichen deutschen Nationalsprache vollbrachte?

»Ich will hier an Luthers Bibelübersetzung erinnern: denn, daß dieser treffliche Mann ein in dem verschiedensten Stile verfaßten Werk und dessen dichterischen, geschichtlichen, gebietenden, lehrenden Ton uns in der Muttersprache wie aus einem Guss überlieferte, hat die Religion mehr gefördert, als wenn er die Eigentümlichkeiten des Originals [des alten und neuen Testaments] im einzelnen hätte nachbilden wollen ...« XLVI 248

»Und so werden Sie erleben, daß Wert und Würde unserer Ahnherrn rein und schön aus der eigenen Sprache hervortreten; denn es ist wahr, was Gott im Koran sagt: Wir haben keinem Volk einen Propheten geschickt, als in seiner Sprache. Und so sind denn die Deutschen erst ein Volk durch Luthern geworden.« XLVI 253

Herr Professor ARNDT, *mit welchen Worten würdigen Sie als Schriftsteller und Historiker Luthers reformatorisches Kämpfertum?*

»Er bekämpfte mit den schärfsten Waffen der Philosophie und Theologie, besonders mit der Bibel, die er seine einzige Richtschnur nannte, die ganze äußerliche Kirche, den Papst, die Hohenpriester, das eitle Gepränge, und alle ihre Missbräuche und Laster als vom Teufel und nicht von Gott, und wies auf die Strenge und Ordnung der alten Kirche zurück –. Auf Karls des Fünften ersten Reichtags zu Worms im Jahr 1521 gewann er öffentliche Achtung bei dem ganzen deutschen Volke durch die bescheidene und mutige Art, mit welcher er vor dem Kaiser und vor Kurfürsten und Fürsten und Kardinälen und Rittern stand. Kühn erklärte er dort, Gott sei über allen, und sein Gewissen sei höchster Richter; er dürfe und könne nicht widerrufen, bevor man ihm nicht beweise, daß die Bibel lüge oder daß er die Bibel nicht verstehe.« XLVI 378

Herr HEINE, *Sie sind der Welt bestens bekannt als Deutschlands großer Lyriker und nicht unbekannt als Publizist. Würden Sie für unsere Leser einige Gedanken zu Martin Luther äußern?*

»Ruhm dem Luther! Ewiger Ruhm dem teuren Manne, dem wir die Rettung unserer edelsten Güter verdanken, und von dessen Wohltaten wir heute noch leben! Es ziemt uns wenig, über die Beschränktheit seiner Ansichten zu klagen. Der Zwerg, der auf den Schultern des Riesen steht, kann freilich weiter schauen, als dieser selbst, besonders wenn er eine Brille aufsetzt … Es ziemt uns noch weniger, über seine Fehler ein herbes Urteil zu fällen; diese Fehler haben uns mehr genutzt, als die Tugenden von tausend anderen. Die Feinheit des Erasmus und die Milde des

Melanchthon hätten uns nimmer so weit gebracht wie manchmal die göttliche Brutalität des Bruder Martin.« XVII 246

Zuletzt

Man sagt, die Anzahl derer, welche weltweit *Letzte Worte* von Sterbenden sammeln, sei größer als die Gilde der Briefmarkensammler. Es mag ja stimmen, dass Sterbeworte eine überdurchschnittlich hohe Überlebenschance haben, vermutet man doch, dass die mit dem letzten Atem von berühmten Leuten dahingehauchten Worte – weil es ja wirklich die unwiderruflich letzten sind – besonders schwerwiegend, außerordentlich bedeutsam, zumindest aber weise und wahr sind. Dabei ist es längst erwiesen, dass gar nicht so wenige von den Prominenten ihre letzten Worte, damit sie des Erinnerns auch würdig seien, schon Jahre, Monate, Wochen oder Tage vor ihrer letzten Stunde fein säuberlich (und sei es nur im Gedächtnis) festgehalten hatten.

Für Martin Luthers letzte Worte traf das nicht zu. Es geht auch nicht an, eine solche Jahrtausendpersönlichkeit wie ihn auf wenige Worte zusammenzuschmelzen. Hier sollen vielmehr seine nachweislich letzten Taten und letzten schriftlichen und mündlichen Äußerungen wiedergegeben werden: seine letzte Tischrede, Amtshandlung, Predigt, Stunde, Antwort sowie sein letztes Domizil, Wort und Gebet aber auch sein letzter Gruß und Brief.

So lernen wir Martin Luther jeweils zum letzten Mal kennen in seinem vielgestaltigen Menschsein – bis ihn sein Gott zu sich rief.

***

Sein letztes Domizil fand Martin Luther am Eisenacher Marktberg, vis-a-vis der Andreaskirche im Haus des befreundeten Stadtschreibers Johann Albrecht, wo er seit dem 29. Januar 1546 während seines dreiwöchigen Aufenthalts im Obergeschoss zwei Zimmer bewohnte. Über dem Eingangsportal befindet sich eine Tafel mit der Aufschrift: »In diesem Haus starb D. Martin Luther den 18. Februar 1546.«

Das Sterbehaus des Reformators ist seit 1885 Luther-Museum.

***

Seine *letzte Predigt* hielt der Gottesmann am 14. Februar 1546 in Eisleben, also nur vier Tage vor seinem Hinscheiden. »Ob er nun eben schwach und matt war, dennoch unterließ er sein Amt nicht, predigte diese 21 Tage zu Eisleben viermal die Sonntagsevangelia ...« (VII 588), schrieb noch im gleichen Jahr Johannes Mathesius, der erste Luther-Biograph.

Martin Luther war es schon auf der Reise von Wittenberg nach Eisleben und dann auch während der drei letzten Wochen in seiner Heimat gesundheitlich immer schlechter gegangen, auch wenn er in den letzen Briefen an seine »Liebe Hausfrau Katharina, Selbstmärtyrerin zu Wittenberg« (VII 281) fälschlicherweise das Gegenteil behauptete. Er hatte schweres Magenzittern, »eine Compression des Herzens und gleichsam Erstickungsnoth« (VI 142), also Angina-pectoris-Beschwerden, kurz: dem schwer kranken Martin Luther ging es hundeelend. Er hatte bei seiner letzten (Sonntags-)Predigt aus dem elften Kapitel des Matthäusevangeliums verkündet, musste aber seine letzte Amtshandlung mit den letzten Worten abbrechen: »Ich bin zu schwach, wir wollen es hierbei bleiben lassen.« VII 632

***

Den *letzten Brief* schrieb Luther vier Tage vor seinem Ableben, am 14. Februar 1546 aus Eisleben an seine Frau nach Wittenberg, in dem er vor allem sein erfolgreiches Verhandeln zwischen den wegen eines Erbstreits entzweiten Mansfelder Grafenbrüder vermittelte.

Der Brief beginnt: »Gnade und Friede im Herrn! Liebe Käthe! Wir hoffen diese Woche wieder heimzukommen, ob Gott will. Gott hat große Gnade hier gezeigt; denn die Herren haben durch ihre Räte fast alles verglichen, bis auf zwei Artikel oder drei, unter welchen ist, daß die zwei Brüder Graf Gebhard und Graf Albrecht wiederum Brüder werden, was ich heute soll vornehmen, und will sie mir zu Gaste bitten, daß sie auch mit einander reden, denn sie sind bis daher stumm gewesen und haben sich mit Schriften hart verbittert.«

Luther hatte also erfolgreich geschlichtet und war auch sonst guter (weltlicher) Dinge.

Der Brief endet: »Ich schicke Dir Forellen, so mir die Gräfin Albrecht geschenkt hat; die ist von Herzen froh der Einigkeit. Deine Söhnchen sind noch zu Mansfeld. Jakob Luther [Martins Bruder] will sie versorgen. Wir haben hier zu essen und zu trinken wie die Herren, und man wartet unserer gar schön, allzu schön, daß wir Eurer wohl vergessen möchten zu Wittenberg. So ficht mich der [Nieren-]Stein auch nicht an … Aber laß sagen und singen: wir wollen warten, was Gott tun wird. Hiermit Gott befohlen.« VII 286

Die *letzte Tischrede* hielt der Reformator zwei Tage vor seinem Tod in seiner Geburtsstadt, wie Johannes Aurifaber, der Herausgeber der ersten Tischreden-Sammlung, später mitteilte. »Anno 1546, am 16. Februar, als man zu Eisleben über D. M. Luthers Tische viel vom Sterben und Krankheit« (VI 144) redete, habe Martin Luther wohl seinen nahenden Tod geahnt, denn es sei wie eine Prophezeiung gewesen, als er sagte: »Wenn ich wieder heim gen Wittenberg komm, so will ich mich alsdann in Sarg legen und den Maden einen feisten Doktor zu essen geben.« Ebenda

***

Ein *letzter Gruß* an seine Lieben wurde von den Anwesenden im Sterbezimmer erwartet, aber es kam anders: »Anders als in den früheren lebensbedrohlichen Situationen ist von einem Wort an die anwesenden Söhne [Johannes (19 Jahre), Martin (14) und Paul (12)] oder einem letzten Gruß an Käthe nichts bekannt. Für den Sterbenden trat dies offenbar hinter seiner Beziehung zu Gott und seinem Auftrag zurück.« LIV 370

***

Das *letzte Gebet* in Martin Luthers Sterbestunde: »Allmächtiger, ewiger, barmherziger Herr und Gott, der du bist ein Vater unsers lieben Herrn Jesus Christus, ich weiß gewiß, daß du alles, was du gesagt hast, auch halten kannst und willst, denn du kannst nicht lügen; dein Wort ist wahrhaftig! Du hast mir im Anfang deinen lieben, einzigen Sohn, Jesus Christus, zugesagt; derselbe ist gekommen und hat mich vom Teufel, Tod, Hölle und Sünden erlöst. Danach sind mir zu größerer Sicherheit aus gnädigem Willen die Sakramente der heiligen Taufe und des Abendmahls geschenkt, darinnen mir Vergebung der Sünden, ewiges Leben und alle himmlischen Güter angeboten sind. Auf solches dein Anbieten hab ich derselben gebraucht, und im Glauben auf dein Wort mich fest verlassen und sie empfangen. Deshalb zweifle ich nun gar nicht, daß ich sicher und zufrieden bin vor Teufel, Tod, Hölle und Sünde. Ist dieses meine Stunde und dein göttlicher Wille, so will ich mit Fried und Freuden auf dein Wort gern von hinnen scheiden. Amen.« II 289

***

Seine *letzten Stunden* begannen Mittwochvormittag, am 17. Februar, mit einem anhaltenden Schwächezustand. Ab Spätnachmittag setzten Herzanfälle mit starken Brustbeklemmungen durch die Angina pectoris ein, und er klagte: »Mir wird aber weh und bange wie nie zuvor in der Brust.« VI 144 Trotzdem schlief er mit Unterbrechungen einige Stunden in der ersten Nachthälfte. Spätabends waren im Obergeschoss des Sterbehauses von Martin Luther bis zu fünfzehn Personen anwesend: seine drei Söhne, Graf Albrecht mit seiner medizinkundigen Gemahlin, der Hausbesitzer mit seiner Frau, Luthers Biograph Aurifaber, sein Diener Ambrosius, zwei Stadtärzte sowie sein Mitreformator Jonas und der Mansfelder Hofprediger Coelius.

Nach ein Uhr setzten erneut Herzanfälle mit Brustschmerzen, Schweißausbrüchen und Frösteln ein. So wiedergegeben von den Augenzeugen Jonas und Coelius. zitiert in: LV

Trotz dieser Authentizität hielt es die Reformationsgegner der Kurie nicht davon ab, Martin Luther weit über seinen Tod hinaus zu verleumden. So beispielsweise in einem 1591 in Rom veröffentlichten Buch mit der Behauptung, Luther sei keines natürlichen Todes gestorben, sondern – so habe es sein damaliger Diener bezeugt – er habe »unseren Herrn Martin am Bett hängend und elend erwürgt aufgefunden.« XXI 251

***

Letzte Worte werden kurioser Weise manchem Sterbenden gleich mehrfach in den Mund gelegt – so auch Martin Luther. Die meisten Biographen lassen ihn – bis heute – mit den letzten Worten hinüber gehen: »Wir sind alle Bettler. Das ist wahr.«

Halten wir uns besser an: »Die Berichte über Luthers Tod und Begräbnis. Texte und Untersuchungen« (LV 77), zitiert von Martin Brecht in seiner Luther-Biographie: Die im Sterbezimmer ebenfalls anwesenden Justus Jonas und Michael Coelius riefen den Hinschlummernden »nochmals an: ›Verehrter Vater, wollt ihr auch auf euern Herrn Jesum Christum sterben, und die Lehre, so ihr in seinem Namen getan, bekennen?‹ Ein vernehmliches ›Ja‹ war die Antwort. Luther hatte sich mit seinem letzten Wort zu seiner Sache bekannt. Das war wichtig. Danach verfiel er in Schlaf und reagierte nicht mehr. Das Gesicht erbleichte, Füße und Nase wurden kalt. Um Viertel vor drei Uhr gab er mit einem kurzen Atemzug seinen Geist auf. Die Berichterstatter hoben hervor, daß Luther ganz in Frieden entschlafen war. Ein Versuch, durch ein von dem herbeigeholten Apotheker Johann Landau verabreichtes Klistier Luther ins Leben zurückzuholen, blieb erfolglos.« LIV 369

Quellenverzeichnis

I Gesamtedition der Werke Martin Luthers, Weimar 1883 ff. (Band, Kapitel/Seite).

II Luther Deutsch. Bd. 9: Tischreden, hrsg. v. Kurt Aland, Göttingen 1983.

III Martin Luther und das Geld: aus Luthers Schriften, Briefen und Tischreden, hrsg. v. Martin Treu, Wittenberg 2000.

IV Martin Luther: Tischreden, ausgew. und bearbeitet von Jürgen Henkys, Berlin 1983.

V Berudio, Günter: Martin Luther, in: Genie und Geld, hrsg. von Carl Corino, Nördlingen 1987.

VI Neumann, Hans Joachim: Luthers Leiden. Die Krankengeschichte des Reformators, Berlin 1995.

VII Bernhard, Marianne (Hrsg.): Martin-Luther-Hausbuch, Bayreuth 1983.

VIII Kluge, Manfred (Hrsg.): Luthers Tischreden, München 1983.

IX Clemen, Otto (Hrsg.): Luther im Kreise der Seinen, Frankfurt a. M. 1983.

X Grunow, Alfred (Hrsg.): Weisheiten der Welt. Deutsche Dichter und Denker, Augsburg 1994.

XI Skupy, Hans-Horst: Das große Handbuch der Zitate, Gütersloh 1993.

XII Daco, Pierre: Psychologie für jedermann, Augsburg 1994.

XIII Saager, Adolf (Hrsg.): Luther-Anekdoten: Lebensbilder, Anekdoten, Kernsprüche, Stuttgart 1917.

XIV Prause, Gerhard: Niemand hat Kolumbus ausgelacht. Fälschungen und Legenden der Geschichte richtiggestellt, Düsseldorf 1995.

XV Ahland, Kurt: Martin Luther, in: Fassmann, Kurt (Hrsg.): Die Großen der Weltgeschichte, Zürich 1972.

XVI Wolf, Manfred: Eine Frage noch, Herr Luther …, Leipzig 2004.

XVII Wolf, Manfred: Thüringer Porträts von Abbe bis Zeiss, Gehren 1999.

XVIII Wolf, Manfred: Leser Fragen – Goethe antwortet, Frankfurt a. M. 1999.
XIX Klages, Günther: Martin Luther im Unterricht, Hannover 1984.
XX Krämer, Walther/Trenkler, Götz: Lexikon der populären Irrtümer, Frankfurt a. M. 1996.
XXI Ahrens, Donald: Die Wittenbergisch Nachtigall, Bergisch Gladbach 1982.
XXII Erikson, Erik H.: Der junge Mann Luther. Eine psychoanalytische und historische Studie, Frankfurt a. M. 1975.
XXIII Boehmer, Heinrich: Der junge Luther, Leipzig 1954.
XXIV Brecht, Martin: Luther als Schriftsteller, Stuttgart 1990.
XXV Brecht, Martin: Martin Luther. Sein Weg zur Reformation 1483–1521, Stuttgart 1981.
XXVI Brecht, Martin: Martin Luther. Ordnung und Abgrenzung der Reformation 1521–1532, Stuttgart 1986.
XXVII Reiter, Paul J.: Martin Luthers Umwelt, Charakter und Psychose, Bd. II: Luthers Persönlichkeit, Seelenleben und Krankheiten, Kopenhagen 1941.
XXVIII Oberman, Heiko: Luther – Mensch zwischen Gott und Teufel, Berlin (West) 1987.
XXIX Zitelmann, Arnulf (Hrsg.): Ich, Martin Luther. Starke Sprüche über Weiber, Fürsten, Pfaffen und so weiter, Frankfurt a. M. 1982.
XXX Krumbholz, Eckart (Hrsg.): Euch stoßen, daß es krachen soll. Sprüche, Aussprüche, Anekdoten. Martin Luther, Berlin (Ost) 1983.
XXXI Köthe, Karl: Martin Luther und die Luthergedenkstätten in und um Eisenach, Leipzig 1994.
XXXII Fausel, Heinrich: Dr. Martin Luther. Sein Leben und Werk, Stuttgart 1996.
Band A: 1483 bis 1521
Band B: 1522 bis 1546
XXXIII Beutel, Albrecht: Martin Luther, München 1991.
XXXIV Landgraf, Wolfgang: Martin Luther. Reformator und Rebell, Berlin (Ost) 1981.
XXXV Friedenthal, Richard: Luther. Sein Leben und seine Zeit, München 1990.
XXXVI Piltz, Georg: Daher bin ich, Leipzig 1983.

XXXVII Diwald, Hellmut: Luther. Eine Biographie, Bergisch Gladbach 1996.

XXXVIII Kleinschmidt, Karl: Martin Luther, Berlin 1953.

XXXIX Winter, Ingelore M.: Katharina von Bora, Augsburg 2000.

XL Junghans, Helmar: Die Reformation in Augenzeugenberichten, Düsseldorf 1967.

XLI Hürlimann, Martin (Hrsg.): Martin Luther, dargestellt von seinen Freunden und Zeitgenossen, Berlin 1933.

XLII Martin Luther. Stätten seines Lebens und Wirkens, hrsg. v. Institut für Denkmalspflege der DDR, Berlin 1983.

XLIII Lemmer, Manfred: Hier stehe ich … Was man von Martin Luther erzählt, Halle 1995.

XLIV Luther, Johannes: Legenden um Luther, Berlin/Leipzig 1933.

XLV Herrmann, Horst: Martin Luther. Eine Biographie, Berlin 2003.

XLVI Schuffenhauer, Werner/Steiner, Klaus (Hrsg.): Martin Luther in der deutschen bürgerlichen Philosophie, Berlin (Ost) 1983.

XLVII Eckermann, Johann Peter: Gespräche mit Goethe in den letzen Jahren seines Lebens, Berlin/Weimar 1984.

XLVIII Dobel, Richard (Hrsg.): Lexikon der Goethe-Zitate, München 1995.

XLIX Jens, Walter (Hrsg.): Kindlers neues Literaturlexikon (Studienausgabe), Bd. 10, München 1996.

L Reiners, Ludwig: Stilkunst – Ein Lehrbuch deutscher Prosa, München 1991.

LI Denzler, Georg: Die verbotene Lust. 2000 Jahre christliche Sexualmoral, München 1988.

LII Joestel, Volkmar: Legenden um Luther und andere Geschichten aus Wittenberg, Berlin 1992.

LIII Zitelmann, Arnulf: Widerrufen kann ich nicht. Die Lebensgeschichte des Martin Luther, Weinheim und Basel 1983.

LIV Brecht, Martin: Martin Luther. Die Erhaltung der Kirche : 1532–1546, Stuttgart 1994.

LV Schubart, Christof: Die Berichte über Luthers Tod und Begräbnis. Texte und Untersuchungen, in: I/Bd. 54.

LVI Friedrich, Ina/Schank, Stefan (Red.): Anekdoten, Geneva 1997.

LVII Martin Luther: Tischreden, hrsg. von Kurt Ahland, Stuttgart 1960.

LVIII Peltzer, Karl: Das treffende Zitat. Gedankengut aus drei Jahrtausenden und fünf Kontinenten, Bindlbach o. J.

LIX Kunschmann, Doris (Hrsg.): Das große Anekdotenlexikon, Niedernhausen/Ts. 1996.

LX Böttcher, Kurt (Hrsg.): Geflügelte Worte, Leipzig 1982.

LXI Autorenkollektiv: Die deutsche Sprache, Leipzig 1959.

LXII Gerritzen, Christian (Hrsg.): Lexikon der Bibel, Köln 2003.

Eckdaten zu Martin Luther

Luther, Prof. Dr. Martin, geboren am 10. Nov. 1483 in Eisleben, gestorben am 18. Februar ebenda.

1488–1501: Besuch der Trivialschulen in Mansfeld, Magdeburg und Eisenach;

1501–1505: Studium des Artes (Grundstudium) an der Uni Erfurt mit Abschluss als Magister Artium;

1505: Eintritt in das Kloster der Augustiner-Eremiten zu Erfurt;

1507: Priesterweihe u. Beginn des Theologiestudiums in Erfurt;

1508–1509: Fortsetzung des Theologiestudiums und Dozentur für Moralphilosophie an der Universität Wittenberg;

1510–1511: November bis April Romreise in Ordensangelegenheiten;

1511–1546: Wohnsitz im »Schwarzen Kloster« zu Wittenberg als Konventprediger und ab 1514 Prediger an der Stadtkirche;

1512: Promotion zum Doctor Biblicus und seit Oktober bis zu seinem Lebensende Professor für Bibelauslegung an der Theologischen Fakultät der Universität Wittenberg;

1517: Veröffentlichung seiner 95 Thesen über Ablass und Buße am 31. Oktober, Beginn der reformatorischen Bewegung;

1518: Verhör durch päpstlichen Kardinal in Augsburg; Verweigerung des Thesen-Widerrufs;

1519: Während Leipziger Disputation bestreitet Luther die Unfehlbarkeit des Papstes;

1520: Bannandrohung beantwortet Luther mit seinen drei refo matorischen Hauptschriften:
»An den christlichen Adel deutscher Nation«,
»Von der babylonischen Gefangenschaft der Kirche«,
»Von der Freiheit eines Christenmenschen«;

1521: Papst verhängt über Luther den Kirchenbann; Luther verteidigt seine Lehren vor dem Reichstag zu Worms und lehnt ihren Widerruf ab; Kaiser Karl V. verhängt über Luther die Reichsacht;

1521–1522: Mai bis März: Asyl auf der Wartburg; Übersetzung der Bibel (NT) ins Deutsche;

1522–1534: Luther und Mitarbeiter übersetzen die Bibel (AT) ins Deutsche;

1525: Luther predigt und schreibt gegen den Bauernkrieg, u. a.:

»Wider die räuberische und mörderische Rotten der Bauern und Vermahnung zum Frieden ...«; am 13. Juni diesen Jahres Heirat mit Katharina von Bora;

1528: Erstausgabe des »Kleinen Katechismus«;

1529: Erstausgabe des »Großen Katechismus«;

1534: Die Gesamtausgabe seiner Bibelübersetzung (Altes und Neues Testament) erscheint unter dem Titel »Biblia, das ist die gantze Heilige Schrift Deutsch«;

1539: Erster Band der Wittenberger Gesamtausgabe seiner Werke erscheint;

1546: Martin Luther stirbt am 18. Februar in Eisleben; Beisetzung vier Tage später in der Wittenberger Schlosskirche.

Namenregister

Alberus, Erasmus (1500–1553), Lutheraner, Superintendent, zeitweise Luthers Hausgenosse.

Amsdorf, Nikolaus von (1483–1565), Mitreformer und Freund Luthers; Magister an der Universität Wittenberg, später Superintendent von Madeburg und Bischof in Naumburg.

Aristoteles, (384–322 v. Chr.), berühmter griechischer Philosoph.

Arndt, Prof. Ernst Moritz (1769–1860), Schriftsteller, Publizist, Professor für Geschichte in Greifswald.

Aurifaber, Johannes (1519–1575), Student, Hilfskraft, Reisebegleiter und Herausgeber der ersten »Tischreden«-Sammlung Luthers; Hofprediger in Weimar, Pfarrer in Erfurt.

Aurogallus, Prof. Mattäus (1490–1543), Prof. für Hebräisch an der Universität Wittenberg, Mitübersetzer des Alten Testaments.

Berlepsch, Hans von (1517–1525), Burghauptmann der Wartburg, Luthers Betreuer während dessen Exil auf der Wartburg vom 4. Mai 1521 bis 1. März 1522.

Bora, Katharina von (29.01.1499–20.12.1552), Nonne von 1509–1523, seit 1525 Ehefrau Martin Luthers, schenke ihm 6 Kinder.

Brück, Dr. Gregor (1486–1557), Jurist, kursächsischer Kanzler, Berater und Sprecher der protestantischen Reichsstände.

Bucer, Martin (1491–1521), Theologe, bedeutendster deutscher Reformator neben Luther und Melanchthon.

Bugenhagen, Prof. Johannes (1485–1558), Reformator, Berater und Freund Luthers, Professor und Stadtpfarrer in Wittenberg.

Coelius, Michael (1492–1559), Lutheraner, seit 1523 Hofprediger in Mansfeld.

Cordatus, Konrad (1480–1546), Lutheraner, Pfarrer, Superintendent; 1531–1532 Asyl bei der Lutherfamilie, in dieser Zeit Mitschreiber der Tischreden.

Cranach, Lukas d. Ä. (1472–1553), Maler und Grafiker, Apotheken-, Druckerei- u. Gaststättenbesitzer in Wittenberg; dort Bürgermeister von 1537–1544; Luthers Freund.

Denzler, Prof. Dr. Georg (geb. 1930), seit 1971 Ordinarius für Kirchengeschichte an der Universität Bamberg.

Eck, Prof. Dr. Johannes (1486–1543), Theologe, Luthergegner.

Eckermann, Dr. h. c. Johann Peter (1792–1854), seit 1823 Goethes Gehilfe, Mitarbeiter und Herausgeber seines literarischen Nachlasses, Schriftsteller.

Erasmus, Dr. Desiderius von Rotterdam (1469–1536), niederländischer Theologe und bedeutendster europäischer Humanist.

Friedrich III. der »Weise« (1463–1525), Kurfürst (seit 1486) von Sachsen, gründete 1502 die Universität Wittenberg, unterstützte und schützte Martin Luther.

Gerson, Prof. Dr. Jean de (1363–1429), französischer Prediger, Theologe, Schriftsteller, 1395 Kanzler der Universität Paris.

Goethe, Geheimrat, Dr. h. c. Johann Wolfgang von (1749–1832), Dichter, Naturforscher, Staatsminister in Weimar.

Heine, Heinrich (1797–1856), Dichter, Publizist.

Henlein, Peter (1485–1542), Mechaniker in Nürnberg, 1510 Erfinder der Taschenuhr.

Herder, Johann Gottfried von (1744–1803), Dichter, Philosoph, Theologe, Übersetzer in Weimar.

Johann Friedrich »der Großmütige«, Kurfürst von Sachsen (1503–1554), großzügiger Förderer der Wittenberger Universität.

Jonas, Justus (1493–1555), Theologe, Jurist, engster Mitreformator Luthers, Übersetzer von dessen Schriften und sein wichtigster Reisebegleiter.

Karlstadt, Prof. Dr. Andreas (1480–1541), Theologe, Prediger, Lutheraner, später Bruch mit Luther.

Kroker, Ernst (1859–1889), Geschichtsforscher, Bibliotheksdirektor in Leipzig, Autor; Hauptwerk (Hrsg.): »Luthers Tischreden«, 6 Bände (1912–1921).

Leo X., eigtl. Giovanni de' Medici (1774–1521), seit 1513 Papst, missbrauchte den Ablasshandel, seit 1517 direkter Gegner Luthers, verhängte 1521 gegen ihn den Kirchenbann.

Lessing, Gotthold, Ephraim (1729–1781), Dichter, Dramatiker.

Linck, Wenzeslaus (1483– 547), Prior des Augustinerkonvents und Dekan der theologischen Fakultät der Universität Wittenberg; 1517 Klosterprediger und Pfarrer in Nürnberg; 1520 Generalvikar der deutschen Augustinerkongregation.

Luther, Elisabeth (10.12.1527–3.8.1528), Tochter von Martin und Katharina Luther.

Luther, Johannes (7.6.1526–28.10.1575), ältester Sohn Luthers, Jurist.

Luther, Magdalene (4.5.1529–20.9.1542), Tochter der Luthers.

Luther, Margarete (17.12.1534–1570), Tochter der Luthers.

Luther, Martin (9.11.1531–3.3.1565), Sohn der Luthers, Theologe.

Luther, Prof. Dr. Martin (10. Nov. 1483 in Eisleben – 18. Febr. 1546 in Eisleben), Mönch, Reformator, Priester, Prediger, Hochschullehrer, Schriftsteller.

Luther, Prof. Dr. Paul (28.1.1533–8.3.1593), jüngster Sohn der Luthers, Mediziner, Hofarzt.

Mathesius, Johannes (1504–1565), Student in Wittenberg, Diakon, Pfarrer, Schulrektor, erster Lutherbiograph.

Melanchthon, Prof. Dr. Philipp, »Philippus« (1497–1560), Publizist, Humanist, Professor für Griechisch an der Universität Wittenberg, Freund Luthers und neben ihm bedeutendster Reformator.

Monner, Prof. Dr. Basilius (um 1500–1566), Jurist, kursächsischer Rat, seit 1554 Hochschullehrer an der Alma mater Jenensis.

Mosellanus, Petrus (1493–1524), Gelehrter, Gräzist, auch als der »Melanchthon Leipzigs« bekannt.

Renan, Prof. Ernest (1823–1892), französischer Religionshistoriker, Orientalist und Schriftsteller, Verfasser des 7-bändigen Werkes »Das Leben Jesu«.

Rörer, Georg, Prediger, Diakon, Bibliothekar, Luthers Sekretär bei der Übersetzung des Alten Testament und Nachschreiber der Tischreden.

Spalatin, Georg (1484–1545), Theologe, Humanist und Hofkaplan Friedrich des Weisen, Befürworter Luthers am kursächsischen Hofe.

Terenz, Publius Terentius Afer (um 190–159 v. Chr.), römischer Komödiendichter.

Tetzel, Dr. h. c. Johann (1465–1519), Dominikanermönch, seit 1504 Ablassprediger in Sachsen, Schlesien, Franken und der Schweiz; ab 1517 General-Subkommissar für Ablasspredigt in der Kirchenprovinz Magdeburg.

Vergerius, Peter Paul (1497–1564), Apostolischer Nuntius (Botschafter des Papstes), später Lutheraner.

Zum Autor

Nach Pädagogik-, Landwirtschafts- und Philosophiestudium mit den drei entsprechenden Staatsexamen tätig als Berufsschul-, Fachschul- und Hochschullehrer; irreparabler Stimmbanddefekt; dann Verlagslektor, Abteilungsleiter in einem wissenschaftlichen Lehr- und Lernmittel-Instiut; freiberuflicher Unterrichtsmittelgestalter; 1984 Berufsverbot aus dem Honecker-Ministerium; 1984 bis 1990 Wächter in einem Ferienheim; Arbeitslosigkeit.

Seit 1990 freischaffend in der Goethe-Stadt Ilmenau als Schriftsteller (zehn Buchtitel u. a. über Goethe, Schiller, Luther) und Journalist (rund 180 Artikel, darunter sechs Serien, auch über *Thüringer Köpfe* sowie Goethe und Schiller in Ilmenau).